A FÉ

Quaestiones disputatae De Veritate

Questão 14

O livro é a porta que se abre para a realização do homem.

Jair Lot Vieira

Tomás de Aquino

A fé

Quaestiones disputatae De Veritate

Questão 14

TRADUÇÃO, EDIÇÃO E NOTAS

PAULO FAITANIN
Doutor em Filosofia Medieval pela Universidad de Navarra (Espanha)
Professor Associado III e Professor do Programa de Pós-Graduação em Filosofia da Universidade Federal Fluminense – UFF
Pesquisador do *Instituto Aquinate*
Pesquisador do Gabinete de Estudos Medievais da Universidade do Porto (Portugal)

BERNARDO VEIGA
Doutorando em Filosofia pela Universidade Federal do Rio de Janeiro – UFRJ (bolsista CAPES)
Mestre em Filosofia pela Unisinos
Membro fundador do *Instituto Aquinate*

edipro

A FÉ

[QUAESTIONES DISPUTATAE DE VERITATE – QUESTÃO 14]

TOMÁS DE AQUINO

TRADUÇÃO, EDIÇÃO E NOTAS: Paulo Faitanin e Bernardo Veiga

1ª Edição 2016

Logo do Instituto Aquinate: Wood engraving by Reynolds Stone, in Saint Thomas Aquinas, Selected writings, New York: The heritage Press, 1971, p. 1.

Instituto Aquinate

Editores: Jair Lot Vieira e Maíra Lot Vieira Micales
Coordenação editorial: Fernanda Godoy Tarcinalli
Coordenação do Projeto "Questões disputadas": Bernardo Veiga
Editoração: Alexandre Rudyard Benevides
Revisão: Beatriz Rodrigues de Lima
Diagramação e Arte: Karine Moreto Massoca

Dados Internacionais de Catalogação na Publicação (CIP)
(Câmara Brasileira do Livro, SP, Brasil)

Tomás de Aquino, 1225-1274.

A fé: quaestiones disputatae de veritate: questão 14 / Tomás de Aquino; tradução, edição e notas Paulo Faitanin, Bernardo Veiga. – São Paulo: Edipro, 2016.

Título original: De fide: quaestiones disputatae de veritate : quaestio 14.

ISBN 978-85-7283-969-3

1. Fé – Obras anteriores a 1800 2. Filosofia – Obras anteriores a 1800 3. Teologia – Obras anteriores a 1800 4. Tomás, de Aquino, 1225-1274 I. Faitanin, Paulo. II. Veiga, Bernardo. III. Título.

15-09162 CDD-189.4

Índice para catálogo sistemático:
1. Tomás de Aquino : Filosofia medieval : 189.4

edipro

São Paulo: Fone (11) 3107-4788 • Fax (11) 3107-0061
Bauru: Fone (14) 3234-4121 • Fax (14) 3234-4122
www.edipro.com.br

Sumário

Apresentação

TOMÁS DE AQUINO [1225-1274], filósofo e teólogo dominicano, escreveu diversas obras e, entre as mais importantes, contamos as famosas *Questões Disputadas*, fruto de uma metodologia original e própria da atividade acadêmica da universidade medieval. Delas derivam as mais célebres contribuições do tomismo para a Filosofia e a Teologia. Neste método medieval, Tomás inicia com uma pergunta [questão] e a desenvolve em artigos. Cada questão disputada pode conter diversos artigos. Cada artigo considera uma parte da questão mediante uma pergunta, estando composto por argumentos pró e contra e uma conclusão, na qual aparece a resposta do autor à pergunta elaborada na forma de artigo, que, por sua vez, compõe a questão. Em cada artigo Tomás procede da seguinte maneira: ante a pergunta proposta em um artigo da questão, ele a afirma ou nega, expondo em contrário diversos argumentos. Em seguida, toma um ou mais argumentos fortes, que são contrários àqueles diversos raciocínios que se seguiram à pergunta inicial. Então, logo após esses argumentos, ele inicia uma resposta, em conformidade com o que pretende demonstrar, escrevendo no corpo do artigo uma conclusão, que é simultaneamente resposta à pergunta feita inicialmente, e termina esclarecendo as dificuldades ou contradições dos primeiros argumentos expostos.

O Instituto Aquinate, em parceria com a editora *Edipro*, continua a empreitada de publicar uma série de textos inéditos, editados em vernáculo, em edição simples, acessível, com breve introdução descritiva e notas à tradução, com o intuito de pouco ou quase nada interferir na obra, deixando o leitor com o mínimo necessário para ele mesmo ir diretamente ao texto de Tomás. A intenção é divulgar não só entre o público acadêmico, mas entre os diversos admiradores do tomismo, as principais ideias do autor contidas nas referidas *Questões Disputadas*. Neste espírito nasce o projeto *Questões Disputadas*. Este projeto é coordenado por Bernardo Veiga (Instituto Aquinate), doutorando em Filosofia pela UFRJ (bolsista Capes). Este livro é uma edição e tradução do Prof. Dr. Paulo Faitanin (UFF) e de Bernardo Veiga.

Este projeto não seria possível sem a cooperação do Prof. Dr. Enrique Alarcón (Universidad de Navarra/Espanha), presidente da *Fundación Tomás de Aquino*, detentora dos direitos de cópia dos textos latinos e mantenedora do *Corpus Thomisticum* [<www.corpusthomisticum.org>]. O estimado professor Alarcón há muito colabora com a Revista Aquinate [<www.aquinate.net>] e a ele agradecemos por conceder-nos a permissão para pesquisar e utilizar como base para as traduções a edição latina dos textos contidos no *Corpus*. O texto vertido para o vernáculo também foi cotejado com outras versões, por sinal todas muito úteis para considerar as soluções propostas para certas passagens de difícil compreensão e tradução. Para a configuração das notas de rodapé tivemos em conta, quando se fez necessário, o aparato bibliográfico das referidas edições latinas do texto e das versões que consultamos.

Apresentamos a tradução inédita em português da questão 14 das *Quaestiones disputatae De Veritate*, *A fé*, composta de 12 artigos. Esta obra é autêntica[1] e data dos três anos do primeiro período de ensino magistral de Tomás em Paris, 1256-1259.[2] Nesta obra, Tomás investiga a natureza do crer, da fé, e como ela pode ser tida como virtude. Também expõe a distinção entre a fé formada e informe e mostra de que modo se relaciona com a salvação e com os artigos de fé.

Fontes e Repertórios Bibliográficos

Outras traduções

Foram consultadas as seguintes versões: SANTO TOMÁS DE AQUINO, *Opúsculos y Questiones selectas.* Edición bilingüe. Coordinador de la obra Antonio Osuna Fernández-Largo. V. Madrid: BAC, 2008, p. 345-433; TOMÁS DE AQUINO, *De veritate, Cuestión 14. La fé.* Introducción, traducción y notas de Santiago Gelonch e Santiago Argüello. Pamplona: Cuadernos de Anuario Filosófico 147, 2001; SAN TOMMASO D'AQUINO, *Le Questioni Disputate.* Testo latino di S. Tommaso e traduzione italiana. Volume II. La Verità. (De Veritate). Questioni 10-20. Bologna: ESD, 1992; SAINT THOMAS D'AQUIN, *De Veritate. Les vingt-neuf questions disputées sur la vérité* (1256-1259). Philosophie et Théologie. Traduction par le frère André Aniorté, O.S.B., moine de l'Abbaye sainte Madeleine du Barroux, 2005-2008. Version Bilingue Latin/Français. Deuxième *édition* numérique août 2012 [http://docteurangelique.free.fr]; THOMAS AQUINAS, *Truth. Questiones Disputatae De Veritate.* Questions 10-20 Translated by James V. McGlynn, S.J. Chicago: Henry Regnery Company, 1953. Edição em HTML por Joseph Kenny, O.P.

1. MANDONNET, P. O.P. *Des écrits authentiques de S. Thomas d'Aquin.* Seconde édition revue et corrigée. Fribourg (Suisse): Imprimerie de l'oeuvre de Saint-Paul, 1910, p. 30 e 106; GRABMANN, M. *Die Werke des hl. Thomas von Aquin.* Münster Westf.: Aschendorffsche Verlagsbuchhandlung, 1949, p. 307.
2. TORRELL, J.-P. O.P. *Iniciação a Santo Tomás de Aquino. Sua pessoa e obra.* Tradução Luiz Paulo Rouanet. São Paulo: Edições Loyola, 1999, p. 71-2; 389-90.

Introdução

Nossa intenção é brevemente expor e analisar a contribuição de Tomás de Aquino [1225-1274] sobre a questão *A fé* tratada em sua obra *De veritate,*[1] questão 14, estruturada em 12 artigos, como introdução à edição monolíngue que é aqui publicada. Com este estudo pretendemos auxiliar o leitor, primeiro, mostrando algumas noções básicas da visão de Tomás sobre a fé, sua natureza, definição, ato, objeto, unidade, necessidade da fé para o homem, seus efeitos, dons, vícios contrários à fé, relação com a razão e com a ciência; segundo, explicando o método das *Questões Disputadas* e, por fim, expondo resumidamente cada artigo da questão.

1. Sobre a data da sua composição e acerca do seu conteúdo doutrinal, assim se expressou Torrell: "As questões disputadas *De veritate* datam dos três anos do primeiro período de ensino magistral de Tomás em Paris, de 1256 a 1259... Podemos aí perceber dois grandes blocos: a verdade e o conhecimento (qq. 1-20), o bem e o apetite pelo bem (qq. 21-29)", p. 389-90. Cfr. TORRELL, J.-P. O.P. *Iniciação a Santo Tomás de Aquino. Sua pessoa e sua obra.* Tradução Luiz Paulo Rouanet. São Paulo: Edições Loyola, 1999.

1. A fé

Para Tomás "crer" é um ato pelo qual "o intelecto é determinado a aderir-se totalmente a algo que se lhe apresenta a vontade... que elege assentir com determinação e precisão... porque esse algo é suficiente para mover a vontade, não, porém, para mover o intelecto, enquanto parece bom ou conveniente o assentir a esse algo... e essa é a disposição do que crê, como quando alguém crê nas coisas ditas por algum homem, porque lhe parece adequado ou útil".[2]

Em outras palavras, "crer" é a adesão do intelecto ao que consente a vontade como um bem, porque nesse bem há verdade que não contraria os princípios do próprio intelecto, motivo pelo qual o próprio intelecto *assente* ao que *consente* a vontade. Isso ocorre, por exemplo, quando alguém crê no que alguma autoridade *diz*, porque mediante as palavras manifestas *entende* algo que se reveste de útil e agradável ao que ouve.

Desse modo, pode-se perceber certa relação entre *crer* e *ouvir*, pois não se crê no que já se vê, mas se crê no que se ouve, se algo aparenta um bem e não é contrário ao intelecto. Quem vê se certifica pela presença, mas quem crê tem certa prova do que ainda não vê. Assim, pois, crer é, de certo modo, ouvir uma verdade sem ainda vê-la.[3]

Entende-se por "fé" o ato de crer. Como, pois, pode-se crer em verdades naturais e verdades sobrenaturais, segue-se que há dois tipos de atos de crer. Um é o "ato de crer natural" ou "fé natural", pelo qual o homem crê e espera provar na vida atual o que crê, a partir da investigação natural da realidade que vê. Outro é o "ato de crer sobrenatural" ou "fé sobrenatural", pelo qual o homem crê e espera provar na vida futura o que crê, a partir da visão

2. TOMÁS DE AQUINO, *De veritate,* q. 14, a. 1, resp.

3. *Crer* difere de *entender*, opinar e duvidar, pois *entende* quem já vê a verdade passada pelo crivo da luz dos princípios da razão, mas *opina* quem apenas assente a uma parte das proposições, e *duvida* quem flutua, sem assentir, nas partes das proposições.

sobrenatural da realidade que verá. Em um e outro caso, crer é um ato do intelecto que se dirige a um objeto, por ordem da vontade. Pelo intelecto se dirige a esse objeto enquanto é verdade, e pela vontade enquanto esse objeto é um bem e um fim.[4]

A fé, como ato de crer que trata essa questão 14 do *De veritate*, é a fé sobrenatural, que Tomás assim define: "a fé é o hábito da mente pelo qual a vida eterna começa em nós, fazendo o intelecto aderir àquilo que não vê".[5] Diz-se que é um *hábito*, porém, não adquirido pela repetição de um ato, tal como ocorre na aquisição da virtude moral e intelectual, mas se diz hábito por causa da permanência contínua do intelecto no assentimento a esse ato consentido pela vontade, que Deus infunde no intelecto humano, informando-o e formando-o na verdade e bem divinos eternos, que se devem esperar, por cuja adesão se obtém certa prova do que ainda não se vê.

A partir dessa permanência contínua no assentimento do intelecto a esse ato sumamente bom, que Deus dá de graça, razão pela qual se diz que a fé é um *dom* que Deus dá uniformemente para todo homem[6] e é recebido livremente na alma, com o assentimento do intelecto, porque entende nele a verdade espelhada, e o consentimento da vontade, porque se inclina a ele como bem esperado, gera-se um hábito que por si é bom.

Ora, porque se denomina *virtude* a permanência no hábito bom, a permanência contínua nesse ato de crer no que Deus dá, gera-se semelhantemente um hábito bom, que, por conseguinte, é uma virtude,[7] não como as virtudes adquiridas, mas uma

4. TOMÁS DE AQUINO, *Sum. Theo.* II-II, q. 4, a. 1, resp.
5. TOMÁS DE AQUINO, *Sum. Theo.* II-II, q. 4, a. 1, resp.
6. A expressão "Cristo ontem, hoje e sempre", marca a unidade da fé para os cristãos. Nessa perspectiva Tomás afirmava a unidade da fé, uma mesma fé para toda humanidade, a de ontem, a de hoje e a de sempre, ainda que com a plenitude final dos tempos a forma da fé dar-se-á plenamente na caridade. Sobre a unidade da fé: TOMÁS DE AQUINO, *Sum. Theo.* II-II, q. 4, a. 6, resp.
7. TOMÁS DE AQUINO, *Sum. Theo.* II-II, q. 4, a. 5, resp.

virtude infusa por Deus[8] que é fundamental,[9] pois sobre a fé, todas as demais virtudes naturais (morais ou intelectuais) são aperfeiçoadas, quanto ao seu bem e fim últimos.

Por isso, diz-se que a fé é uma virtude própria do homem,[10] pois tem por sujeito o intelecto[11] e é uma virtude teologal infusa, porque é causada por Deus[12] e tem por objeto o próprio Deus,[13] cujos efeitos são o temor filial[14] e a purificação do coração,[15] ademais da abertura, pelo dom da fé, a outros dons que podem ser obtidos ainda nesta vida, pela contínua adesão à fé, como os dons da inteligência[16] e o da ciência.[17]

A não permanência na adesão do intelecto ou total desligamento, negação ou oposição a esse assentimento livre por parte do intelecto, com consentimento da vontade, por causas diversas, desde as que afetam o intelecto, como a ignorância vencível, que se dá em quem não busca a verdade por saber que ela lhe exigirá responsabilidade e compromisso, ou desde as que afetam a vontade, como as paixões desordenadas, que cegam os sentidos e o intelecto,[18] gera atos contrários ao ato de fé. Tais atos são, por exemplo, o ato de infidelidade, que nega ou se opõe à fé,[19] e suas espécies, como a heresia, que se opõe à verdade de fé,[20]

8. TOMÁS DE AQUINO, *Sum. Theo.* II-II, q. 6, a. 1, resp.
9. TOMÁS DE AQUINO, *Sum. Theo.* II-II, q. 4, a. 7, resp.
10. TOMÁS DE AQUINO, *Sum. Theo.* II-II, q. 5, a. 1, resp.
11. TOMÁS DE AQUINO, *De veritate,* q. 14, a. 4, resp.
12. TOMÁS DE AQUINO, *Sum. Theo.* II-II, q. 6, a. 1, resp.
13. TOMÁS DE AQUINO, *Sum. Theo.* II-II, q. 1, a. 1, resp.
14. TOMÁS DE AQUINO, *Sum. Theo.* II-II, q. 7, a. 1, resp.
15. TOMÁS DE AQUINO, *Sum. Theo.* II-II, q. 7, a. 2, resp.
16. TOMÁS DE AQUINO, *Sum. Theo.* II-II, q. 8, a. 2, resp.
17. TOMÁS DE AQUINO, *Sum. Theo.* II-II, q. 9, a. 1, resp.
18. TOMÁS DE AQUINO, *Sum. Theo.* II-II, q. 15, a. 1-3.
19. TOMÁS DE AQUINO, *Sum. Theo.* II-II, q. 10, a. 1, resp.
20. TOMÁS DE AQUINO, *Sum. Theo.* II-II, q. 11, a. 1-2, resp.

a apostasia ou perfídia, que é o abandono absoluto da fé[21] e a blasfêmia, que se opõe à confissão de fé, cujos artigos baseiam-se na afirmação de que Deus é o sumo bem.[22]

Desse modo, diz-se que a fé é morta, se não produz atos e permanece numa confissão puramente mental, a qual é denominada *informe*,[23] e que deve ser formada nas obras, não em qualquer obra, mas na da caridade, já que a caridade é a forma da fé,[24] a partir da qual se diz fé *formada*. A confissão de fé realizada em obras é o exercício da caridade de quem crê e espera o que não vê.

2. Breve explicação do método das *Questões Disputadas*

O que são as *Questões Disputadas*? Durante a Escolástica, sobremaneira nas universidades do século XIII, os professores, para o desempenho de suas atividades acadêmicas compunham, mediante exaustivas pesquisas, suas obras para serem lidas e analisadas em suas aulas, no exercício da docência. Para compô-las, os professores utilizavam diferentes métodos: comentar, expor, reunir sentenças, fazer sumas etc., cada qual com uma finalidade própria, mas todas para atender as duas formas mais usuais de ensino: a *lectio*, que consistia na leitura e comentário de um texto, e a *disputatio*, que consistia na disputa de uma *quaestio*.[25]

Uma *quaestio* pode estar relacionada a muitas outras questões, derivadas dela. Este é o caso da questão sobre a Verdade, que leva consigo muitas outras questões relativas ao tema. Por esta razão, o tema sobre a verdade – *De veritate* – reúne sobre si muitas questões – *Quaestiones* – que ao longo da exposição do

21. TOMÁS DE AQUINO, *Sum. Theo.* II-II, q. 12, a. 1, resp.
22. TOMÁS DE AQUINO, *Sum. Theo.* II-II, q. 13, a. 1, resp.
23. TOMÁS DE AQUINO, *De veritate,* q. 14, a. 6, resp.
24. TOMÁS DE AQUINO, *Sum. Theo.* II-II, q. 4, a. 3, resp.
25. ABBAGNANO, N. *História da Filosofia*. v. 3. Lisboa: Editorial Presença, 1999. p. 9.

tema serão examinadas ou disputadas – *Disputatae* – com muitos argumentos que se possam aduzir *pro* (pró) e *contra*, seguida de uma proposta de solução. Esta é a explicação para o nome desta obra: *Quaestiones Disputatae De veritate*, em cuja questão 14, estruturada em 12 artigos, em que cada artigo reúne argumentos *pro* e *contra*, disputa a questão sobre a fé.

Cada título de artigo da questão em jogo era proposto em forma de pergunta, por exemplo: *O que* é *crer?* Seguia-se à pergunta uma proposta de resposta contrária. Propunham isso para dar lugar primeiro aos argumentos contrários à pergunta, e tais argumentos contrários eram denominados de objeções. Antes de proporem uma solução à pergunta feita, eram sugeridos alguns poucos argumentos contrários às objeções e a favor de uma resposta afirmativa à pergunta que intitula o artigo. Logo depois, propunha-se uma resposta, às vezes breve, outras vezes longa, que afirmava a pergunta. E, por fim, respondia-se a cada uma das objeções.

Os argumentos *pro* e *contra* que constituíam um artigo eram estruturados silogisticamente, a partir de um raciocínio aparentemente verdadeiro que era retirado da obra de alguma autoridade, fosse filosófica, teológica ou mesmo a Bíblia. Em geral, eram silogismos compostos por três premissas: a maior, a menor e a conclusão. Em cada argumento, no geral, era citada a fonte, exceto se fosse de conhecimento comum. Mas, ainda assim, era comum citar a fonte mesmo se ela fosse bem conhecida.

3. Exposição resumida dos artigos da questão sobre A fé

O que é *crer?* Neste primeiro artigo, o principal argumento *contra* parte de uma definição, segundo a qual "crer é pensar com assentimento", do que se segue que crer não é algo próprio do intelecto, mas da parte afetiva da alma. Tomás, porém, para estabelecer o crer no intelecto, diz que este assente porque é movido pelo consentimento da vontade, que se inclina a algo de bom ao qual consente.[26]

O que é *a fé?* Neste segundo artigo, o argumento *contra* toma a definição do Apóstolo [Hb 11, 1] como falha por dizer que "a fé é substância das coisas que se devem esperar e a prova do que não se vê". Tomás responde que a fé é substância por ser primeiro fundamento das demais virtudes, e é prova porque participa das sementes da verdade primeira que ainda não vê.[27]

A fé é *virtude?* Neste terceiro artigo, o argumento *contra* sustenta que o objeto da virtude é o bem, e o da fé é a verdade, razão pela qual a fé não é uma virtude. Tomás defende a fé como uma virtude, na medida em que, se a virtude é a disposição do perfeito para o ótimo, então a fé será virtude porque dispõe a perfeição do intelecto para o ótimo, que é conhecer a verdade primeira, que é Deus.[28]

Qual é *o sujeito da fé?* Neste quarto artigo, argumenta-se que o sujeito da fé é a parte afetiva da alma, porque é consentimento e subordinada à vontade. Tomás, porém, destaca que o objeto da fé é a verdade primeira, e nisso coincide com o intelecto que tem por objeto a verdade das coisas, razão pela qual, primeiramente, a fé tem por sujeito o intelecto.[29]

A caridade é *a forma da fé?* Neste quinto artigo, o argumento *contra* afirma que a caridade não é a forma da fé, nem forma substancial, pois não constitui a essência da fé, nem acidental, porque não é seu acidente, nem exemplar, pois, então, poderia existir sem a fé. Tomás responde com base em Gl 5, 6 que "a fé opera pela caridade", pois aquilo pelo qual algo obtém a eficácia de operar é a sua forma. Logo, se a fé opera pela caridade, esta é a sua forma.[30]

---

26. TOMÁS DE AQUINO, *De veritate*, q. 14, a. 1, resp.
27. TOMÁS DE AQUINO, *De veritate*, q. 14, a. 2, resp.
28. TOMÁS DE AQUINO, *De veritate*, q. 14, a. 3, resp.
29. TOMÁS DE AQUINO, *De veritate*, q. 14, a. 4, resp.
30. TOMÁS DE AQUINO, *De veritate*, q. 14, a. 5, resp.

A fé informe é virtude? Neste sexto artigo, argumenta-se que a fé, mesmo a informe, aquela que é entendida sem obras, é virtude porque é um hábito infuso. Tomás diz que a fé informe não é virtude, porque esta é um hábito capaz de realizar atos perfeitos, mas como a fé informe não opera, não pode ser uma virtude.[31]

É *o mesmo hábito o da fé informe e o da fé formada?* Neste sétimo artigo, o argumento *contra* defende que não é o mesmo hábito o da fé informe e o da fé formada, pois o da informe gera o temor servil, que logo é expelido quando a fé é formada, e se gera o temor filial. Logo, não seria o mesmo hábito. Tomás responde dizendo que não se diferencia o hábito da fé pelo fato de ela exercer a caridade ou não, pois o que diferencia é o ato, quando a fé, por esse mesmo hábito, passa de morta para viva, no exercício do ato de caridade.[32]

O objeto da fé é a verdade primeira? Neste oitavo artigo, argumenta-se *contra* que, se o objeto da fé fosse a verdade primeira, que consiste em ver Deus face a face, não seria necessária a fé, razão pela qual o objeto da fé não é a verdade primeira. Tomás, porém, diz que, se a fé é uma virtude, ela se dispõe do perfeito para o ótimo, que é a perfeita visão de Deus, que é a verdade primeira. Portanto, o objeto da fé é a verdade primeira.[33]

Pode haver fé sobre as coisas sabidas? Neste nono artigo, o argumento *contra* sustenta que sim, pois não deve faltar a razão a tudo o que é obrigado a crer, uma razão que prova e que seja necessária. Tomás argumenta em sentido contrário dizendo que o objeto da fé é a verdade primeira, ou seja, Deus, que nenhuma ciência humana pode esgotar em sua investigação. Logo, a fé não é acerca das coisas sabidas, mas crer naquilo que não se vê.[34]

É *necessário que o homem tenha fé?* Neste décimo artigo, argumenta-se que não é necessário que o homem tenha fé para

31. TOMÁS DE AQUINO, *De veritate*, q. 14, a. 6, resp.
32. TOMÁS DE AQUINO, *De veritate*, q. 14, a. 7, ad 1.
33. TOMÁS DE AQUINO, *De veritate*, q. 14, a. 8, resp.
34. TOMÁS DE AQUINO, *De veritate*, q. 14, a. 9, resp.

alcançar a perfeição, pois o homem, por sua condição natural, proporciona a si mesmo o que seja necessário para alcançar o seu fim natural, sem necessitar da fé. Tomás, porém, afirma que o homem dispõe de potências para alcançar o fim próximo dessa vida, mas a vida eterna não, pois necessita de algo divino dado ao homem, a fé, para que possa alcançar a visão beatífica, pela qual vê a Deus face a face. Logo, sem a fé é impossível agradar a Deus.[35]

É *necessário crer de modo explícito?* Neste décimo primeiro artigo, argumenta-se em contrário dizendo que não é necessário crer de modo explícito em alguns artigos de fé para alcançar a salvação, pois os profetas que antecederam a vinda de Cristo não conheceram nada de explícito do Redentor, nem creram de modo explícito, nem por isso deixaram de ser salvos. Tomás responde dizendo que é necessário crer de modo explícito, mesmo o que se manifesta de modo implícito; como saber que Deus enviaria seu Filho, para o profeta implica implicitamente, por inspiração divina, o plano da Redenção, embora explicitamente não conhecesse, mas cria em Deus de modo explícito no que disse Deus. E nisto consiste crer de modo explícito: saber que outras verdades implícitas a uma se desvelarão ao longo dos tempos, pois não se crê no que não se sabe se será, mas em algo que se espera que se veja.[36]

É *a mesma fé a dos modernos e a dos antigos?* Neste décimo segundo artigo, o argumento *contra* afirma que não é a mesma fé a dos modernos e a dos antigos, porque os antigos conheceram alguns artigos da fé apenas crendo implicitamente, pois esses somente depois explicitamente se desvelariam; já os que viveram depois de Cristo creram explicitamente e não implicitamente naquelas coisas que Deus disse que revelaria ao homem. Logo, não seria a mesma fé a dos antigos e a dos modernos. Tomás diz que a fé é uma e a mesma para todos os homens, e o fato de que ela se

35. TOMÁS DE AQUINO, *De veritate*, q. 14, a.10, resp.

36. TOMÁS DE AQUINO, *De veritate*, q. 14, a.11, resp.

desvele no decurso do tempo não implica que mudou, mas que se realiza uma mesma fé em tempos diversos, mediante testemunhos de diversas pessoas.[37]

4. Conclusão

Tomás define a fé como uma virtude infusa por Deus no intelecto, que traz uma verdade a que o intelecto assente e um bem que a vontade consente. É o dom que ilumina o intelecto do homem com as sementes da verdade primeira, projetando-o para ver com mais clareza as verdades segundas. Por esse mesmo motivo, razão e fé não se opõem, mas se completam na atual vida do homem.

De fato, o intelecto iluminado pela fé, e mediante a luz natural da razão, pode conhecer mais e melhor as verdades naturais, e pode até chegar a conhecer algo acerca da verdade sobrenatural, como quando, mediante o reto uso dos princípios invioláveis da razão e o dos princípios do direito natural, prova a existência de Deus, afirma o atributo da unidade divina, ou que a ação humana tende naturalmente para um fim, como alcançaram tais verdades os filósofos antigos que não beberam da fé revelada, mas não absolutamente foram abandonados pela bondade divina que, se não os revelou sobrenaturalmente a verdade de fé, elevou-os, pelo reto uso da razão, ao conhecimento de algo da verdade de fé:

> Respondo, dizendo que a natureza humana está ordenada à beatitude desde o momento mesmo de sua instituição, não como a um fim devido segundo sua natureza, mas apenas pela liberalidade divina. E, por isso, não é necessário que os princípios da natureza sejam suficientes para conseguir aquele fim, a não ser que tenham sido ajudados pelos dons acrescentados pela divina liberalidade.[38]

Portanto, nada impede que Deus, por sua liberalidade, desde a instituição da natureza humana, tenha dado dons mesmo

37. TOMÁS DE AQUINO, *De veritate*, q. 14, a. 12, resp.
38. TOMÁS DE AQUINO, *De veritate*, q. 14, a. 10, ad 2.

para aqueles que não viriam receber revelação nos tempos, para que, não sendo privados, fossem partícipes de sua verdade, mediante o uso reto da razão, às vezes, como que tateando e, outras vezes, alcançando vestígios da verdade eterna.

Essas verdades filosóficas ou científicas não se afastam em absoluto das verdades de fé. Assim, por exemplo, a verdade filosófica que afirma a unidade divina na Trindade, ainda que essa verdade da Trindade, como a verdade da ressurreição dos mortos, transcendam a compreensão da razão humana, mesmo no reto uso dos seus princípios, não porque a razão falhe no uso de tais princípios, mas porque a razão e seus princípios são finitos, e não vão para além de onde podem alcançar quando consideram a infinita essência divina. Por isso, na vida presente, a fé é alimento para o intelecto que assente ao infinito.

Enfim, essa questão do *De veritate* ressalta que a fé, enquanto é virtude teologal, progride na medida em que se estabelece e se desenvolve no contínuo e firme assentimento do intelecto e no livre consentimento da vontade. Isso significa que por parte do intelecto o homem deve sempre buscar o estudo das Escrituras na investigação da verdade primeira, pois não há oposição entre o que busca o intelecto e o que se oferece pela fé, que é a verdade primeira. E por parte da vontade a fé deve ser formada, a partir da contínua realização de boas obras, as de caridade, pois a caridade é a forma da fé, e a esperança é a matéria da fé, pois o que crê espera enquanto crê, o que ainda não tem, nem vê em plenitude, mas apenas em parte e entre sombras. E nisso está a importância teológica da doutrina de *A fé*.

Paulo Faitanin e
Bernardo Veiga

Questão 14*

A fé

*. Tradução baseada no texto Taurino *Quaestiones disputatae De Veritate, q. 14,* editado em 1953, transferido automaticamente por Roberto Busa, S.J., para fitas magnéticas e de novo revisto e ordenado por Enrique Alarcón. Disponível em: <www.corpusthomisticum.org>.

Proêmio

Primeiro, o que é crer.

Segundo, o que é a fé.

Terceiro, se a fé é virtude.

Quarto, qual o sujeito da fé.

Quinto, se a caridade é a forma da fé.

Sexto, se a fé informe é virtude.

Sétimo, se é o mesmo o hábito da fé informe e o da fé formada.

Oitavo, se o objeto próprio da fé é a verdade primeira.

Nono, se pode haver fé sobre as coisas sabidas.

Décimo, se é necessário que o homem tenha fé.

Décimo primeiro, se é necessário crer de modo explícito.

Décimo segundo, se é a mesma fé a dos modernos e a dos antigos.

Artigo 1

E, primeiro, pergunta-se o que é crer[1]

1. Outros lugares: *In III Sent.*, d. 23, q. 2, a. 2, qc. 1; *Super Hebr.*, cap. 11, l. 1; *STh.* II-II, q. 2, a. 1; *Super Rom.*, cap. 1, l. 6.

Argumentos[2]

1. Diz Agostinho no livro *A predestinação dos santos*,[3] e se encontra na Glosa[4] de II Cor 3,5: *não como se fôssemos dotados de capacidade que pudéssemos atribuir a nós mesmos* etc, que *crer é pensar com o assentimento*. Contudo, isso parece ser inconveniente. Com efeito, o que sabe se distingue do que crê, como é claro pelo que diz Agostinho no livro *Sobre a visão de Deus*.[5] Ora, o que sabe, enquanto sabe, pensa e assente a algo. Logo, de modo inconveniente, descreve-se o crer, quando se diz que *crer* é *pensar com o assentimento*.

---

2. Na edição Taurini, reproduzida por Enrique Alarcón, não há esta divisão que ora propomos: *Argumenta*. O intuito é orientar o leitor quanto à dinâmica da argumentação da exposição do Aquinate. De igual modo, não há notas de rodapé na referida edição latina.
3. AGOSTINHO, *De praedestinatione sanctorum*, c. 2: PL 44, 963.
4. PEDRO LOMBARDO, *Glossa ordinariae*: PL 192, 23 C.
5. AGOSTINHO, *De videndo Deum*, *epist.* 147, c. 1-3: PL 33, 599-600.

2. Além do mais, o pensamento implica certa investigação, pois diz-se que o pensar é como certo mover-se,[6] isto é, discorrer e confrontar uma coisa com outra. Ora, a inquisição é removida da noção de fé, porque diz Damasceno[7] que *a fé* é *um consentimento não investigado*. Logo, diz-se mal que *crer* é *pensar com o assentimento*.

3. Além do mais, crer é um ato do intelecto. Ora, o assentimento parece pertencer ao afeto, pois se diz que pelo afeto consentimos com alguma coisa. Logo, o assentimento não pertence ao crer.

4. Além do mais, diz-se que ninguém pensa a não ser quando considera alguma coisa atualmente, como fica claro com Agostinho, no livro XIV do *Sobre a Trindade*.[8] Ora, também se diz que crê aquele que não considera algo atualmente, como o fiel que dorme. Logo, crer não é pensar.

5. Além do mais, a luz simples é princípio do conhecimento simples. Ora, a fé é certa luz simples, como é claro por Dionísio, no capítulo VII do *Sobre os nomes divinos*.[9] Logo, o crer que procede da fé é o conhecimento simples. E, assim, não é pensar, que diz conhecimento comparativo.

6. Além do mais, a fé, como comumente se diz, assente à verdade primeira por ela mesma. Ora, quem assente a algo, confrontando, não assente a isso por causa dele mesmo, mas por causa de outra coisa ao qual confere. Logo, ao crer, não há qualquer comparação. E, assim, não há pensamento.

---

6. ALBERTO MAGNO, *Super Sent.* III, d. 23, a. 8.
7. JOÃO DAMASCENO, *De fide*, IV, c. 11: PG 94, 1128 D.
8. AGOSTINHO, *De Trinitate*, XIV, c. 7: PL 42, 1043.
9. PSEUDO-DIONÍSIO, *De divinis nominibus*, VII, § 4: PG 3, 872 C.

7. Além do mais, a fé se diz que é mais certa do que toda ciência e todo conhecimento. Ora, os princípios são conhecidos sem pensamento ou comparação, por causa da sua certeza. Logo, também o crer é sem pensamento.

8. Além do mais, a virtude espiritual é mais poderosa do que a corporal. Portanto, também a luz espiritual é mais eficaz do que a corporal. Ora, a luz corporal exterior aperfeiçoa o olho para que imediatamente conheça as coisas visíveis corporais, para o qual não basta a luz inata. Logo, a luz espiritual, que advém divinamente, aperfeiçoará o intelecto para que conheça aquelas coisas para as quais não basta a luz natural da razão, sem comparação alguma ou pensamento. E, assim, crer é sem pensamento.

9. Além do mais, a potência cogitativa é posta pelos filósofos[10] na parte sensitiva. Ora, crer não está senão na mente, como diz Agostinho.[11] Logo, crer não é pensar.

Respondo[12]

Respondo, dizendo que Agostinho descreve suficientemente o crer, pois por tal definição demonstra o que é e a sua distinção de todos os demais atos do intelecto. Que fica assim evidente.

Com efeito, a operação do nosso intelecto é dupla, segundo o Filósofo no livro *Sobre a alma*.[13] Uma, que forma as simples quididades das coisas, como "o que é homem", ou "o que é animal", na qual pela operação, de fato, não se encontram por

10. Cfr. AVICENA, *De anima*, IV, c. 1, fol. 17va B [Venetiis, 1508].

11. AGOSTINHO, *De Trinitate*, XIII, c. 2: PL 42, 1016; *Epist.* 147, c. 1: PL 33, 599.

12. Na edição Taurini reproduzida por Enrique Alarcón não há esta divisão que ora propomos: *Respondeo*. O intuito é orientar o leitor quanto à dinâmica da argumentação da exposição do Aquinate.

13. ARISTÓTELES, *De anima*, III, c. 11, 430a26. [*Da alma*, obra publicada em *Clássicos Edipro*. (N.E.)]

si o verdadeiro e o falso, como tampouco nas palavras isoladas. Outra operação se dá segundo a qual o intelecto compõe e divide, afirmando ou negando. E nessa já se encontram o verdadeiro e o falso, assim como também na palavra não isolada, que é seu sinal. Contudo, o crer não se encontra na primeira operação, mas apenas na segunda, pois cremos no verdadeiro e descremos no falso. Por isso, também, para os árabes, a primeira operação do intelecto se chama imaginação do intelecto, a segunda, porém, chama-se fé, como é claro nas palavras do Comentador no livro III do *Sobre a alma.*[14]

No entanto, o intelecto possível, quanto é em si, posto que está em potência com relação a todas as formas inteligíveis, assim como também a matéria primeira com relação a todas as formas sensíveis, é também, quanto é em si, mais determinado a isso que adere à composição do que à divisão, ou o inverso. Contudo, tudo que é determinado a duas coisas não se determina até uma delas, a não ser por alguma coisa que o mova. Ora, o intelecto possível não é movido a não ser por duas coisas, a saber, por seu próprio objeto, que é forma inteligível, ou seja, o que algo é, como se diz no livro III do *Sobre a alma,*[15] e pela vontade, que move todas as outras potências, como diz Anselmo.[16] Portanto, assim, nosso intelecto possível se orienta de diversos modos com relação às partes da contradição. Com efeito, às vezes, não se inclina mais a uma do que a outra, ou por defeito dos que movem, como naqueles problemas dos quais não temos argumentos, ou por causa da aparente igualdade dos que movem a uma e outra parte. E essa é a disposição do que duvida, que flutua entre as duas partes da contradição. De fato, outras vezes, o intelecto se inclina mais a uma coisa do que a outra, ainda que o que faz se inclinar não o

14. AVERRÓIS, *In De anima*, comm. 21 (Ed. Crawford, VI1, p. 166 B); cfr. AVICENA, *Metaphysica*, I, c. 6, fol. 72rb A [Venetiis, 1508].

15. ARISTÓTELES, *De anima*, III, c. 11, 430b28.

16. Na verdade, PSEUDO-ANSELMO (EADMERUS), *De similitudinibus*, cap. 2: PL 159, 605 C.

mova suficientemente para determiná-lo a uma das partes totalmente. Por isso, de fato, toma uma parte, porém, duvida acerca da oposta. E esta é a disposição do que opina, quem toma uma parte da contradição com temor da outra.[17] Porém, toda vez que o intelecto possível é determinado a aderir-se totalmente a uma parte, isso pode ser pelo inteligível ou pela vontade. Com efeito, se é pelo inteligível, pode ser mediata ou imediatamente. De modo imediato, quando, pelos mesmos inteligíveis, a verdade das proposições aparece ao intelecto imediatamente e de modo infalível. E essa é a disposição do que entende os princípios, que imediatamente são conhecidos os termos, como diz o Filósofo.[18] E, assim, a partir do que algo mesmo é, o intelecto é determinado imediatamente por proposições dessa natureza. De fato, de modo mediato, quando conhecidas as definições dos termos, o intelecto se determina a uma das partes da contradição em virtude dos primeiros princípios. E essa é a disposição do que conhece. De fato, às vezes, o intelecto não pode ser determinado nem de um modo imediato, pelas próprias definições dos termos, como nos princípios, tampouco pela virtude dos princípios, como nas contradições de uma demonstração, porém é determinado pela vontade, que elege assentir com determinação e precisão a uma parte, por causa de algo que é suficiente para mover a vontade, não, porém, para mover o intelecto, enquanto que parece bom ou conveniente o assentir a essa parte. E essa é a disposição do que crê, como quando alguém crê nas coisas ditas por algum homem porque lhe parece adequado ou útil. E, assim, também somos movidos a crer nas coisas ditas por Deus, que nos promete, se crermos, o prêmio da vida eterna. E por esse prêmio a vontade é movida a assentir às coisas que são reveladas, ainda que o intelecto não seja movido por alguma coisa

17. AVICENA, *De anima*, V, c. 1, fol. 22vb D [Venetiis, 1508].

18. ARISTÓTELES, *Analytica posteriora*, I, c. 7, 72b23. ["Analíticos posteriores", em *Órganon*, obra publicada em *Clássicos Edipro*. (N.E.)]

entendida. E, por isso, diz Agostinho[19] que *nas outras coisas, o homem pode crer não querendo, e não crer a não ser querendo.*

Portanto, é claro pelo que foi dito, que naquela operação pela qual o intelecto forma as quididades simples das coisas não se encontra o assentimento, posto que não há ali nada verdadeiro ou falso, pois não dizemos que assentimos em algo, a não ser quando nos aplicamos a isso como ao verdadeiro. De modo semelhante, tampouco o que duvida assente, já que não adere a uma parte mais do que a outra. Tampouco o que opina, posto que não é firme sua aprovação de uma das duas partes. *Porém a opinião*, como diz Isaac[20] e Avicena,[21] *é a concepção distinta ou certíssima de uma das partes da contradição.* E assentir se diz a partir da opinião.[22] O que entende tem verdadeiramente assentimento, porque se aplica de modo certo a uma das duas partes, porém não tem pensamento, porque se determina a uma sem comparação alguma. O que sabe, de fato, tem não só assentimento, mas também pensamento, mas é o pensamento que causa assentimento e o assentimento que dá fim ao pensamento, pois assente às conclusões, a partir da mesma comparação dos princípios com as conclusões, resolvendo aquelas nos princípios, e ali se detém e se aquieta o movimento do que pensa, pois, na ciência, o movimento da razão começa desde o intelecto dos princípios, e nesse mesmo se acaba pela vida de resolução. E, assim, a ciência não tem assentimento e pensamento como pelo mesmo motivo, mas que o pensamento induz o assentimento e o assentimento aquieta o pensamento. Ora, na fé há assentimento e pensamento como simultaneamente, pois o assentimento não é causado pelo pensamento, mas pela vontade, como foi dito. Mas, porque o intelecto não está desse modo determinado a uma parte,

19. AGOSTINHO, *In Joh. Ev. Tract. XXVI, n. 2*: PL 35, 1607.

20. ISAAC ISRAELI, *Liber de definitionibus*. [Ed. J.T. Muckle. In AHDLMA, 11 (1937-1938), p. 340].

21. AVICENA, *De anima*, V, c. 1, fol. 22vb D [Venetiis, 1508].

22. Cfr. HUGUCCIO, *Liber derivationum*. [ms. Paris B. N. lat. 7625 A, fol. 145va].

porque não se o tem conduzido a seu término próprio, que é a visão de alguma coisa inteligível, então, ocorre que o seu movimento ainda não está aquietado, mas que há ainda pensamento e indagação sobre as coisas que crê, mesmo que assinta de modo muitíssimo firme a elas. De fato, quanto ao que compete por si mesmo, não está satisfeito nem está determinado a uma só parte, mas só está determinado de modo extrínseco.

E, então, ocorre que o intelecto do que crê se diz que é cativo, porque é dirigido pelos termos distantes e não próprios; como se diz em II Cor 10,5: *tornamos cativo todo pensamento para levá-lo a obedecer* etc. Então, também, ocorre que no que crê pode surgir um movimento contrário àquele que se tem muitíssimo firme, ainda que não no que entende ou no que sabe. Assim, pois, pelo modo como ocorre o assentimento, o crer se distingue do entender, operação pela qual o intelecto conhece as formas simples das quididades e também se distingue do duvidar e do opinar; mas, pelo modo como ocorre a compreensão, distingue-se do intelecto; e, por fim, distingue-se do conhecimento científico, tanto pelo modo como se dá o assentimento, quanto pelo modo como se dá a compreensão, pois ambos, no ato de crer, dão-se igual e simultaneamente.

Respostas aos argumentos[23]

1. E, por isso, é clara a resposta ao primeiro.

2. Respondo, dizendo que a fé não se diz consentimento investigado, enquanto a fé ou o assentimento não é causado por uma investigação da razão. Porém, por isso não exclui que no

23. Na edição Taurini reproduzida por Enrique Alarcón não há esta divisão que ora propomos: *Responsiones ad argumenta*. Do mesmo modo, quando necessário, inserimos *Responsiones ad sed contra*, quando houver mais de um *sed contra*. O intuito é, conforme dito, orientar o leitor quanto à dinâmica da argumentação da exposição do Aquinate.

intelecto do que crê permaneça algum pensamento ou esforço de intelecção daquele que crê.

3. Respondo, dizendo que a vontade se orienta a uma potência precedente, a saber, o intelecto, porém não procede com o intelecto. E, por isso, o assentir propriamente pertence ao intelecto, porque implica uma absoluta aderência àquilo ao qual assente, mas consentir é propriamente da vontade, porque consentir é sentir simultaneamente com outro. E, assim, se diz em ordem ou por comparação a algo precedente.

4. Respondo, dizendo que como os hábitos se conhecem pelos atos, e os princípios dos atos são os mesmos hábitos, então, ocorre que, às vezes, os hábitos se denominam com os nomes dos atos. E, assim, os nomes dos atos, às vezes, são tomados propriamente, isto é, significam os atos mesmos, outras vezes, porém, referem-se aos hábitos. Portanto, crer, segundo que implica o ato de fé, sempre tem uma consideração atual, não, porém, segundo que crer se toma pelo hábito. Contudo, assim, diz-se crer o que dorme, enquanto tem o hábito da fé.

5. Respondo, dizendo que a fé tem algo de perfeição, e algo de imperfeição. Com efeito, tem de perfeição a mesma coisa que pertence ao assentimento, mas tem de imperfeição a carência da visão, pela qual permanece ainda um movimento do pensamento na mente do que crê. Portanto, a partir da luz simples que é a fé, causa-se aquilo que há de perfeição, a saber, o assentir. Mas, enquanto aquela luz não é participada perfeitamente, não se remove totalmente a imperfeição do intelecto. E, assim, o movimento inquieto permanece no próprio intelecto.

6. Respondo, dizendo que a objeção prova ou conclui que o pensamento não é causa do assentimento da fé, não, porém, que não acompanha o assentimento da fé.

7. Respondo, dizendo que a certeza pode comportar duas coisas, a saber, a firmeza da adesão, e quanto a isso a fé é mais certa também do que todo intelecto e ciência, porque a primeira verdade, que causa o assentimento da fé, é causa mais forte do que a luz da razão, que causa o assentimento do intelecto ou da ciência. E também implica a evidência disso ao qual assente. E, assim, a fé não tem certeza como a ciência e o intelecto. E, então, dá-se que o intelecto não tem pensamento.

8. Respondo, dizendo que esse argumento procederia retamente se essa luz espiritual fosse perfeitamente participada por nós, o que será na pátria celeste, de onde veremos perfeitamente as coisas que agora cremos. Contudo, agora, que não aparecem manifestamente as coisas, para cujo conhecimento aperfeiçoa aquela luz, deve-se a uma defectiva participação dela e não pela ineficácia dessa luz espiritual.

9. Respondo, dizendo que a potência cogitativa é a que é mais elevada na parte sensitiva, por isso alcança de certo modo a parte intelectiva, como algo que participa do ínfimo da parte intelectiva, a saber, o discurso da razão, segundo a regra de Dionísio que diz, no capítulo VII do *Sobre os nomes divinos*,[24] que os princípios dos segundos se unem aos últimos dos primeiros. Por isso, também, a mesma potência cogitativa se chama razão particular, como é claro pelo Comentador no livro III do *Sobre a alma*:[25] e não está senão no homem, em cujo lugar, nos animais irracionais, há estimativa natural. E, por isso, às vezes, por causa da semelhança de operação, a mesma razão universal, que está na parte intelectiva, designa-se por cogitação.

---

24. PSEUDO-DIONÍSIO, *De divinis nominibus*, VII, § 3: PG 3, 872 B.

25. AVERRÓIS, *In De anima*, comm. 6 e 20 (Ed. Crawford, VI1, p. 154 B-C e p. 164 C).

Artigo 2
Segundo, pergunta-se o que é a fé[26]

26. Outros lugares: *In III Sent.*, d. 23, q. 2, a. 1; *Super Hebr.*, cap. 11, l. 1; *STh.* II-II, q. 4, a. 1.

Argumentos

1. E diz o Apóstolo em Hb 11, 1 que *a fé é a substância das coisas que se devem esperar e a prova do que não se vê.*[27] E parece que isso está dito mal, porque nenhuma qualidade é substância. Ora, a fé é uma qualidade, posto que é uma virtude, que é uma boa qualidade etc. Logo, a fé não é substância.

2. Além do mais, o ser espiritual é acrescentado ao ser natural, e é uma perfeição sua, por isso, também lhe deve ser semelhante. Ora, no ser natural do homem se diz que a substância é a mesma essência da alma, que é ato primeiro, não, porém, a potência, que é princípio do ato segundo. Logo, também no ser espiritual não deve se dizer que a fé ou outra virtude, que são princípios próximos da operação e que, por isso, também aper-

27. Não utilizamos a tradução da Bíblia de Jerusalém. Optamos por traduzir literalmente, em acordo com a intenção de Tomás, para melhor compreensão do seu argumento. O texto latino é este: *substantia rerum sperandarum, argumentum non apparentium.*

feiçoam a potência, sejam a substância mesma, mas antes a graça, que é como o ato primeiro do próprio ser espiritual e que aperfeiçoa a própria essência da alma.

3. Mas se poderia dizer que a fé se diz substância, enquanto é a primeira entre as outras virtudes.– Mas, ao contrário, as virtudes devem ser consideradas de três modos, a saber, quanto ao hábito, quanto aos objetos e quanto às potências. Ora, quanto aos hábitos a fé não é anterior às outras, pois essa definição não parece se dar acerca da fé, a não ser segundo que é formada, pois só assim é fundamento, como diz Agostinho,[28] mas os hábitos gratuitos são infundidos todos simultaneamente. De modo semelhante, tampouco a fé parece ser anterior às outras, pois a fé não tende mais ao primeiro verdadeiro do que a caridade tende ao sumo bem, ou a esperança ao sumo árduo, ou à suma liberalidade de Deus. De modo semelhante, nem quanto às potências, porque toda virtude gratuita parece ter relação com o afeto. Portanto, de nenhum modo a fé é anterior às outras. E, assim, não se deve dizer fundamento ou substância das outras.

4. Além do mais, as coisas que se hão de esperar subsistem em nós mais pela caridade do que pela fé. Logo, essa definição parece ser mais adequada à caridade do que à fé.

5. Além do mais, como a esperança é gerada pela fé, como é claro na *Glosa* a Mt 1, 2, se alguém definisse retamente a esperança, deveria colocar a fé na sua definição, mas a esperança se coloca na definição das coisas que se hão de esperar. Logo, se se colocasse na definição da fé as coisas que se hão de esperar, haveria um círculo nas definições, o que é inconveniente, porque assim uma coisa seria anterior e mais evidente em si mesma.

28. AGOSTINHO, *De fide et oper*. c. 16: PL 40, 215; *Enchir*. c. 177: PL 40, 286.

Com efeito, tomando os nomes pelas definições, aconteceria que o mesmo é posto na definição de si mesmo. E, assim, as definições resultariam infinitas.

6. Além do mais, diversos hábitos têm diversos objetos. Ora, as virtudes teológicas têm o mesmo por fim e objeto. Logo, nas virtudes teologais, é necessário que os diversos fins correspondam às diversas virtudes. Ora, o que se há de esperar é próprio do fim da esperança. Logo, não deve se colocar na definição da fé, nem como fim, nem como objeto.

7. Além do mais, a fé é mais aperfeiçoada pela caridade do que pela esperança. Por isso, também se diz que é formada pela caridade. Logo, na definição da fé deveria antes ser posto o objeto da caridade, que é o bem ou o amável, do que o objeto da esperança, que é a coisa que se há de esperar.

8. Além do mais, a fé principalmente considera os próprios artigos [de fé]. Ora, nem todos os artigos pertencem às coisas que se hão de esperar, mas só um ou dois, a saber, *a ressurreição da carne, a vida eterna*. Logo, as coisas que se hão de esperar não devem ser postas na definição da fé.

9. Além do mais, a prova é ato da razão. Ora, a fé é a prova das coisas que estão sobre a razão. Logo, a fé não deve ser dita prova.

10. Além do mais, na alma há um duplo movimento, a saber, desde a alma e até a alma. Contudo, no movimento até a alma, o princípio é extrínseco, enquanto que no movimento desde a alma é intrínseco. Ora, não pode haver o mesmo princípio intrínseco e extrínseco. Portanto, não pode haver um mesmo princípio de movimento que seja até a alma e desde a alma. Ora, o conhecimento aperfeiçoa no movimento até a alma, porém, a afeição no movimento desde a alma. Logo, nem a fé, nem coisa alguma podem ser princípio de afeição e de conhecimento. Logo, na definição de fé inconvenientemente se coloca que algo pertence à afeição, a saber, *a substância das coisas que se devem esperar*, e algo que pertence à cognição, a saber, *a prova do que não se vê*.

11. Além do mais, um único hábito não pode ser próprio de diversas potências. Ora, as coisas afetivas e intelectivas são potências diversas. Logo, como a fé é um único hábito, não pode pertencer ao conhecimento e à afetividade. E, assim, o mesmo que antes.

12. Além do mais, a um único hábito corresponde um único ato. Logo, como na definição de fé se colocam dois atos, a saber: primeiro, fazer as coisas que se devem esperar subsistir em nós, na medida em que o ato se diz *substância das coisas que se devem esperar*, e arguir a mente; segundo, na medida em que se diz *prova do que não se vê*, parece que se descreve de modo inconveniente.

13. Além do mais, o intelecto é anterior ao afeto. Ora, isso que se diz *a substância das coisas que se devem esperar* pertence ao afeto. De fato, isso que se acrescenta *prova do que não se vê* pertence ao intelecto. Logo, as partes da descrição dita estão mal ordenadas.

14. Além do mais, diz-se "prova", porque argui a mente para assentir a algo. Ora, a mente é arguida para assentir a algo, pelo fato de que aquelas coisas se lhe fazem presentes. Logo, parece haver oposição no objeto, porque se diz *prova do que não se vê*.

15. Além do mais, a fé é certo conhecimento. Ora, todo conhecimento é segundo que algo apareça ao que conhece, pois, tanto no conhecimento sensitivo como no intelectivo, algo aparece. Logo, diz-se inconvenientemente que a fé é do que não se vê.

Respondo

Respondo, dizendo que segundo alguns,[29] o Apóstolo, por essa definição, não pretende mostrar o que é a fé, mas o que faz a fé. Contudo, parece melhor afirmar que essa notificação da fé é completíssima em sua definição, não enquanto esteja ensinada segundo a devida forma de uma definição, mas porque nela são consideradas todas as coisas que são exigidas para a definição da fé. Com efeito, às vezes, também aos próprios filósofos, é suficiente oferecer os princípios dos silogismos e as definições, os quais encontrados assim, não é difícil reconduzi-los a sua devida forma, segundo a doutrina da arte silogística. Contudo, o sinal disso se dá de três modos.

Primeiro sinal, que todos os princípios, dos quais depende o ser da fé, são considerados nessa definição. Com efeito, como a disposição do que crê, como foi dito acima, é tal que o intelecto está determinado a uma outra coisa pela vontade, porém a vontade nada faz, a não ser na medida em que é movida por seu objeto, que é o bem apetecível e o fim, requer-se um duplo princípio para o fim: primeiro, que é o bem que move a vontade; segundo, isso ao qual o intelecto assente fazendo pela vontade. No entanto, o bem último do homem que primeiramente move a vontade como seu fim último é duplo. Dos quais um é proporcional à natureza humana, porque para alcançá-lo são suficientes as forças naturais, e essa é a felicidade da qual falam os filósofos: a contemplativa, que consiste em ato da sabedoria; ou

29. HUGO DE SÃO VÍTOR, *De sacramentis*, I, p. x, c. 2: PL 176, 327 D; ALEXANDRE DE HALES, *Summa*, III, par. n. 678; ALBERTO MAGNO, *Super Sent.* III, d. 23, a. 18.

a ativa, que consiste primeiramente no ato da prudência e, consequentemente, nos atos das outras virtudes morais. Outro é o bem do homem que excede o proporcional à natureza humana, porque para obtê-lo não bastam as forças naturais, nem também conhecê-lo ou desejá-lo, mas que só pela liberalidade divina é prometido ao homem, como se diz em I Cor 2,9: *o que os olhos não viram* etc., e essa é a vida eterna. E, por esse bem, a vontade é inclinada a assentir a essas coisas que possui pela fé, como se diz em Jo 6,40: *quem vê o Filho e nele crê tem a vida eterna.* No entanto, nada pode estar ordenado para algum fim, a não ser que preexista nele mesmo certa proporção a esse fim desde o qual provenha o desejo. E isso ocorre, na medida em que alguma incoação ou iniciação do fim é realizada nele, porque nada apetece o bem, a não ser enquanto tem alguma similitude desse bem. E, então, ocorre que na própria natureza humana há certa incoação do bem que é proporcional à natureza, pois preexistem nela os princípios das demonstrações evidentes por si mesmos, que são certas sementes da contemplação da sabedoria, e os princípios do direito natural, que são sementes das virtudes morais. Assim, pois, convém também que, para que o homem se conduza para o bem da vida eterna, exista no homem alguma incoação ou iniciação daquilo que se lhe promete. Contudo, a vida eterna consiste no pleno conhecimento de Deus, como é claro em Jo 17,3: *a vida eterna* é *esta* etc.; por isso, é necessário que alguma incoação desse conhecimento sobrenatural seja realizada em nós, e isso é pela fé, que possui, pela luz infusa, aquelas coisas que excedem o conhecimento natural. Contudo, considere-se que em todas as coisas que têm partes ordenadas é dita substância a primeira parte na qual está a incoação do todo, como o fundamento da casa e da quilha do navio. Por isso, também, diz o Filósofo no livro XI da *Metafísica*,[30] que se o ente fosse como um todo, sua primeira

30. ARISTÓTELES, *Metaphysica*, XII, c. 1, 1069a19. [*Metafísica*, obra publicada em *Clássicos Edipro*. (N.E.)]

parte seria a substância. E, assim, a fé se chama *substância das coisas que se devem esperar*, enquanto é certa incoação em nós da vida eterna, que esperamos por promessa divina e, assim, trata-se da relação que tem a fé com o bem que move a vontade, a qual determina o intelecto. Contudo, a vontade, movida pelo dito bem, propõe ao intelecto natural coisas que não aparecem como dignas de serem assentidas e, assim, determina até o que não aparece para que ele assinta a isso. Portanto, assim como o inteligível, que é o visto pelo intelecto, determina o intelecto, e por isso se diz que argui a mente, assim algo que não aparece também determina o intelecto e esse mesmo argui a mente, por isso mesmo que é aceito pela vontade para que se assinta a isso. Por isso, segundo outra maneira de escrever, chama-se convicção, porque convence o intelecto, com o modo dito. E, assim, nisso que se diz *prova do que não se vê*, trata-se da relação da fé com aquilo ao qual o intelecto assente.

Logo, assim, quando se diz *do que não se vê*, temos a matéria ou o objeto da fé; seu ato, ao dizer: *a prova*; e ordem ao fim, ao dizer: *substância das coisas que se devem esperar*. Contudo, pelo ato se conhece tanto o gênero, a saber, o hábito, que se conhece pelo ato, quanto o sujeito, a saber, a mente, porém, tampouco muitas coisas são requeridas para a definição de uma virtude. Por isso, é fácil, segundo o dito, formar artificialmente uma definição dizendo que a fé é o hábito da mente, pelo qual incoa a vida eterna em nós, fazendo que o intelecto assinta às coisas não aparentes.

O segundo sinal é que por essa definição se distingue a fé de todas as outras virtudes. Com efeito, por isso que se diz: *do que não se vê*, a fé se distingue da ciência e do intelecto. No entanto, por isso que se diz *prova*, distingue-se da opinião e da dúvida, nas quais a mente não é arguida, isto é, não é determinada a algo uno. E, de modo semelhante, distingue-se de todos os hábitos que não são conhecidos. Contudo, por isso que diz *substância das coisas que se devem esperar*, distingue-se da fé em seu sentido comum, segundo o qual dizemos crer naquilo que opinamos com veemência ou testemunho de algum homem. E, novamente, diferencia-se da prudência e dos outros hábitos cognitivos que não se ordenam às coisas que se devem esperar ou, se se ordenam, a primeira incoação das coisas que se devem esperar não é realizada em nós por eles.

O terceiro sinal, os que quiseram definir a fé não poderiam definir de outro modo, a não ser estabelecendo toda a definição, ou alguma parte sua, com outras palavras. Com efeito, o que diz Damasceno:[31] *a fé é hipóstase das coisas que se devem esperar e a comprovação das coisas que não se veem*, manifesta expressamente ser o mesmo aqui aquilo que diz o Apóstolo. Ora, o que Damasceno acrescenta depois: *de modo ininterrupto e não julgável a esperança das coisas que nos foram anunciadas por Deus e do exercício de nossas petições* é uma explicação do que se havia dito com *a substância das coisas que se devem esperar*. Com efeito, as coisas que se devem esperar são principalmente os prêmios divinamente prometidos para nós. E, secundariamente, quaisquer outras coisas necessárias que pedimos a Deus para esse fim, das quais pela fé se possui uma esperança certa, que nem pode desfalecer. E, por causa disso, se diz *de modo ininterrupto*, nem pode merecidamente ser repreendida como vã e, por causa disso, se diz *de modo não julgável*.

De fato, diz Agostinho[32] que: *a fé é virtude pela qual são cridas as coisas que não se veem*; e que novamente diz Damasceno:[33] *a fé é um acordo não investigado*; e o que diz Hugo de São Vítor:[34] *a fé é certa certeza da alma acerca das coisas ausentes, acima da opinião e abaixo da ciência*; é o mesmo que diz o

31. JOÃO DAMASCENO, *De fide*, IV, c. 10: PG 94, 1128 A.

32. AGOSTINHO, *In Ioh. ev. tract.* XC, n. 9: PL 35, 1690.

33. JOÃO DAMASCENO, *De fide*, IV, c. 11: PG 94, 1128 D.

34. HUGO DE SÃO VÍTOR, *De sacramentis*, I, p. x, c. 2: PL 176, 330 C.

Apóstolo: *a prova do que não se vê*. Diz-se, porém, *abaixo da ciência, porque não tem a visão como a ciência*, ainda que tenha assim a firmeza do assentimento. *Acima da opinião*, porém, diz-se por causa da firmeza do assentimento. E, assim, *abaixo da ciência* se diz enquanto é das coisas que não aparecem; *acima da opinião,* enquanto é *prova*. Contudo, diferencia-se das outras coisas pelo que foi dito. De fato, o que diz Dionísio, no capítulo VII do *Sobre os nomes divinos*:[35] *a fé é fundamento permanente dos que creem, colocando-os na verdade e a verdade neles* é o mesmo que se diz a partir do Apóstolo: *substância das coisas que se devem esperar*. Com efeito, o conhecimento da verdade é a coisa que se deve esperar, como a felicidade não é outra coisa do que a alegria por causa da verdade, como diz Agostinho no livro das *Confissões*.[36]

Respostas aos argumentos

1. Respondo, portanto, dizendo que a fé se diz substância, não porque esteja no gênero da substância, mas por certa semelhança com a substância, enquanto, a saber, é a primeira incoação e certo fundamento de toda vida espiritual, assim como substância se diz o fundamento de todos os entes.

2. Respondo, dizendo que o Apóstolo tenta comparar a fé não com as coisas que estão dentro, mas com relação às coisas que estão fora. Contudo, ainda que a essência da alma no ser natural seja primeiro e substância com relação às potências, aos hábitos e a todas as coisas conseguintes que estão dentro, porém, a disposição para as coisas exteriores não se encontra, em primeiro lugar, na essência, mas na potência. E, de modo semelhante,

35. PSEUDO-DIONÍSIO, *De divinis nominibus*, VII, § 4: PG 3, 872 C.

36. AGOSTINHO, *Confessiones*, X, c. 23: PL 32, 793.

nem na graça, mas na virtude, e primeiro na fé. Por isso, não se poderia dizer que a graça é substância das coisas que se devem esperar, mas a fé.

3. Respondo, dizendo que a fé precede às outras virtudes também por parte do objeto, da potência e do hábito. De fato, por parte do objeto, não por causa disso que a mesma tende mais a seu objeto do que as outras virtudes ao seu, mas porque seu objeto move naturalmente primeiro do que o objeto da caridade e o das outras virtudes. O que é claro, porque o bem nunca move, a não ser se for antes conhecido, como se diz no livro III do *Sobre a alma*.[37] Mas, para que o verdadeiro mova o intelecto, não faz falta algum movimento do apetite. E, então, dá-se também que o ato da fé seja naturalmente anterior ao ato da caridade. E, de modo semelhante, também o hábito, ainda que temporalmente, seja simultaneamente, quando a fé é formada. E, pela mesma razão, a potência cognitiva é naturalmente anterior à afetiva. Contudo, a fé está na cognitiva, porque é claro que o objeto próprio da fé é a verdade e não o bem, mas, de certo modo, tem complemento na vontade, como se dirá abaixo.

4. Respondo, dizendo que é claro pelo que já foi dito que a primeira incoação das coisas que se devem esperar não é realizada em nós por caridade, mas pela fé, nem também a caridade é prova. Por isso, essa descrição, de nenhum modo, compete à caridade.

5. Respondo, dizendo que aquele bem que inclina à fé excede à razão, também por isso é inominado. E, por isso, o Apóstolo pôs no lugar daquele bem, e por certa circunlocução, "coisa que se deve esperar"; o que acontece com frequência nas definições.

37. ARISTÓTELES, *De anima*, III, c. 15, 433b11.

6. Respondo, dizendo que qualquer potência tem algum fim, que é o próprio bem. Contudo, qualquer potência não se relaciona com a noção de fim ou de bem, enquanto é bem, mas apenas a vontade. E, então, dá-se que a vontade move todas as outras potências, porque todo movimento é incoado a partir da intenção de fim. Portanto, ainda que a verdade seja o fim da fé, porém a verdade não diz a noção de fim. Por isso, não deve ser posta como o fim da fé, mas como algo que pertence ao afeto.

7. Respondo, dizendo que a coisa que se deve amar pode estar presente ou ausente, mas a coisa que se deve esperar não está senão ausente. Diz-se em Rm 8,24: *acaso alguém espera o que vê?* Por isso, como a fé é sobre coisas ausentes, seu fim se expressa mais propriamente pelo que se deve esperar do que pelo que se deve amar.

8. Respondo, dizendo que o artigo é como a matéria da fé. Mas a coisa que se deve esperar não se coloca como matéria, mas como fim. Por isso, o argumento não procede.

9. Respondo, dizendo que "prova" se diz de muitos modos.[38] Com efeito, às vezes, significa o mesmo ato da razão que discorre desde os princípios às conclusões. E porque toda a força da prova consiste no termo médio, por isso, outras vezes, também o termo médio se diz prova. E, então, também se dá que, às vezes, os proêmios dos livros se chamam provas, nos quais há certa degustação prévia de toda a obra que se segue. E porque pela prova algo se manifesta, e o princípio da manifestação é a luz, a mesma luz, pela qual algo se conhece, pode-se dizer prova. E desses quatro modos a fé pode ser dita prova. De fato, o primeiro modo, enquanto a razão assente a algo pelo qual foi dito por Deus.

38. Cf. *Summa fr. Alexandri* III, par. n. 678 (p. 1.077), ALBERTO MAGNO, *Super Sent.* III, d. 23, a. 18; BOAVENTURA, *Super Sent.* III, d. 23, a. 1, q. 5.

E, assim, pela autoridade é executado naquele que crê, a partir da autoridade do que realiza, porque inclusive nos dialéticos[39] alguma prova é tomada por autoridade. Mas, pelo segundo modo, a fé se diz prova do que não se vê, enquanto a fé dos fiéis é um meio para provar que o que não se vê existe; ou enquanto a fé dos pais é para nós um meio que nos induz a crer; ou enquanto a fé de um artigo é meio para a fé de outro, assim como a ressurreição de Cristo para a ressurreição geral, como é claro em I Cor 16,12. O terceiro modo, enquanto a mesma fé é uma breve degustação prévia do conhecimento que teremos no futuro. Porém, o quarto modo, quanto à mesma luz da fé, pela qual se conhecem as coisas críveis. Contudo, diz-se que a fé está sobre a razão, não que nenhum ato da razão esteja na fé, mas porque a razão não pode prosseguir para ver as coisas que são da fé.

10. Respondo, dizendo que o ato da fé consiste essencialmente em conhecimento e dali sua perfeição está referida quanto à forma ou espécie, o que é claro pelo objeto, como foi dito. Mas quanto ao fim, aperfeiçoa-se no afeto, porque a partir da caridade resulta que seja meritória do fim. Também a incoação da fé está no afeto, enquanto a vontade determina o intelecto a assentir às coisas que são próprias da fé. Contudo, aquela vontade não é o ato da caridade, nem o da esperança, mas certo apetite do bem prometido. E, assim, é claro que a fé não está em duas potências assim como no sujeito.

11. Por isso é clara a resposta ao décimo primeiro.

12. Respondo, dizendo que nisto que diz *substância das coisas que se devem esperar*, não trata do ato da fé, mas só da relação ao fim. Contudo, o seu ato é tomado por comparação ao objeto nisto que diz: *a prova do que não se vê*.

39. Cfr. PEDRO HISPANO, *Summulae logicales*, tr. 5, n. 42.

13. Respondo, dizendo que aquilo ao qual assente o intelecto não move o intelecto por virtude própria, mas por inclinação da vontade. Por isso, o bem que move o afeto se encontra no assentimento da fé, assim como o primeiro que move, mas isso ao qual o intelecto assente é como o que move ao movido. E, por isso, na definição da fé, coloca-se primeiro sua relação com o bem do afeto do que com o seu próprio objeto.

14. Respondo, dizendo que a fé não convence ou prova a mente pela evidência da coisa, mas pela inclinação da vontade, como foi dito, por isso o argumento não procede.

15. Respondo, dizendo que o conhecimento implica dois aspectos, isto é, a visão e o assentimento. E quanto à visão, distingue-se da fé, por isso Gregório[40] diz que *não há fé em relação às coisas que são vistas, mas conhecimento*; por outra parte, segundo Agostinho no livro *Sobre a visão de Deus*,[41] são vistas as coisas que são presentes ao sentido ou ao intelecto. Contudo, diz-se que são presentes ao intelecto as coisas que não excedem sua capacidade. Mas, quanto à certeza do assentimento, a fé é conhecimento por cuja razão até pode se dizer ciência e visão, segundo o que se diz em I Cor 13, 12: *agora vemos em espelho e de maneira confusa*. E isso diz Agostinho no livro *Sobre a visão de Deus*:[42] *se dizemos não de modo incongruente que sabemos inclusive aquilo que certissimamente cremos, desse fato também dizemos que as coisas cridas retamente são vistas pela mente, ainda que não estejam presentes em nossos sentidos.*

40. GREGÓRIO, *In Evang. II hom.* 26: PL 76, 1202 A.
41. AGOSTINHO, *Epist.* 147, c. 2: PL 33, 599.
42. AGOSTINHO, *Epist.* 147, c. 3: PL 33, 600.

Artigo 3

Terceiro, pergunta-se se a fé é virtude[43]

E parece que não.

43. Outros lugares: *In III Sent.*, d. 23, q. 2, a. 4, qc. 1 et q. 3, a. 1, qc. 2; *De virt.*, q. 1, a. 7; *STh.* I-II, q. 65, a. 4 e II-II, q. 4, a. 5; *Super Rom.*, cap. 1, l. 6.

Argumentos

1. Com efeito, a virtude se diferencia do conhecimento; por isso a ciência e a virtude são postas em diversos gêneros, como é claro no livro IV dos *Tópicos*.[44] Ora, a fé está contida sob o conhecimento. Logo, não é virtude.

2. Mas se poderia dizer que assim como a ignorância é um vício por ser causada por uma negligência do saber, assim também a fé é uma virtude, porque depende da vontade do que crê. – Mas, ao contrário, não tem razão de culpa só por ser causada pela culpa, de outra maneira, enquanto tal, a pena teria razão de culpa. Portanto, nem a ignorância pode se dizer vício por isso que se origina a partir do vício da negligência. Logo, pela mesma razão, nem a fé por seguir a vontade pode ser chamada virtude.

3. Além do mais, virtude se diz por relação ao bem, pois virtude é *o que faz bom ao que a tem e torna boa a sua obra*, como

44. ARISTÓTELES, *Topica*, IV, c. 2, 121b24. ["Tópicos", em *Órganon*, obra publicada em *Clássicos Edipro*. (N.E.)]

se diz no livro II da *Ética*.[45] Ora, o objeto da fé é a verdade, não, porém, o bem. Logo, a fé não é virtude.

4. Mas se poderia dizer que a verdade que é objeto da fé é a primeira verdade, que também é o Sumo bem. E, assim, a fé tem razão de virtude.– Mas, ao contrário, a distinção dos hábitos e dos atos atende propriamente à distinção formal dos objetos, não, porém, à material; de outra maneira, a vista e a audição seriam as mesmas potências, já que é o mesmo ser que vemos e ouvimos. Ora, quanto mais forem a mesma coisa aquilo que é bom e aquilo que é verdadeiro, formalmente, uma é a razão do verdadeiro e outra a razão do bom. Logo, o hábito que tende ao verdadeiro, segundo a razão do verdadeiro, distingue-se daquele hábito que tende ao bom sob a razão de bom. E, assim, a fé se distinguirá da virtude.

5. Além do mais, o meio e os extremos estão no mesmo gênero, como é claro pelo Filósofo no livro X da *Metafísica*.[46] Ora, a fé é o meio entre a ciência e a opinião, pois diz Hugo de São Vítor[47] que a fé é *certa certeza da alma, constituída acima da opinião e abaixo da ciência*. Ora, nem a opinião, nem a ciência são virtude. Logo, tampouco a fé.

6. Além do mais, a presença do objeto não remove o hábito da virtude. Ora, o objeto da fé é a verdade primeira que, quando estiver presente na nossa mente e a virmos, então não será objeto da fé, mas da visão. Logo, a fé não é virtude.

7. Além do mais, a virtude é o último da potência, como se diz no livro I do *Sobre o céu e o mundo*.[48] Ora, a fé não é o último

45. ARISTÓTELES, *Ethica Nicomachea*, II, c. 5, 1106a15 e 22. [*Ética a Nicômaco*, obra publicada em *Clássicos Edipro*. (N.E.)]

46. ARISTÓTELES, *Metaphysica*, X, c. 9, 1057a18.

47. HUGO DE SÃO VÍTOR, *De sacramentis*, I, p. X, c. 2: PL 176, 330 C.

48. ARISTÓTELES, *De caelo et mundo*, I, c. 11, 281a14. [*Do Céu*, obra publicada em *Clássicos Edipro*. (N.E.)]

da potência humana, porque pode chegar a algo mais, a saber, a visão aberta. Logo, a fé não é virtude.

8. Além do mais, segundo Agostinho, no livro *O bem conjugal*,[49] as potências se dispõem a seus atos pelas virtudes. Ora, a fé não dispõe o intelecto, mas antes o impede, porque por ela o intelecto se torna cativo, como é claro em II Cor 10,5. Logo, a fé não é virtude.

9. Além do mais, a virtude se distingue pelo Filósofo[50] em intelectual e moral. Essa é uma distinção imediata, porque a virtude intelectual é a que está na parte racional por essência, porém a moral é a que está na parte racional por participação. Nem a parte racional pode ser considerada de outro modo, nem pode haver a virtude humana sem relação com a razão, segundo algum dos modos ditos. Ora, a fé não é virtude moral, porque, dessa forma, as ações e as paixões seriam sua matéria. De modo semelhante, nem a intelectual, porque não é alguma daquelas cinco que expõe o Filósofo no livro VI da *Ética*,[51] pois não é a sabedoria, nem o intelecto, nem a ciência, nem a arte, nem a prudência. Logo, a fé, de nenhum modo, é virtude.

10. Além do mais, o que convém a alguma coisa por uma razão extrínseca não lhe é essencialmente, mas acidentalmente. Contudo, à fé, não convém ser virtude, a não ser como se dizia, a saber, pela vontade. Logo, por isso é acidental que a fé seja virtude. E, assim, não pode ser posta como uma espécie de virtude.

11. Além do mais, o conhecimento é mais perfeito na profecia do que na fé. Ora, a profecia não é posta como virtude. Logo, nem a fé deve ser dita virtude.

---

49. AGOSTINHO, *De bono coniugali*, c. 21: PL 40, 390.

50. ARISTÓTELES, *Ethica Nicomachea*, I, c. 20, 1103a4.

51. ARISTÓTELES, *Ethica Nicomachea*, VI, c. 3, 1139b16.

Ao contrário[52]

1. A virtude é a disposição do perfeito ao ótimo. Ora, isso convém à fé, pois dispõe o homem à felicidade, que é o ótimo. Logo, a fé é virtude.

2. Além do mais, todo hábito pelo qual alguém é robustecido no agir e é fortificado no padecer é virtude. No entanto, a fé é assim: *a fé opera pela caridade*,[53] segundo Gl 5,6. Pela fé, também, o fiel é fortificado para resistir ao Diabo, como se diz em I Pd 5,9. Logo, a fé é virtude.

3. Além do mais, Hugo de São Vítor[54] diz que são três as virtudes sacramentais nas que somos iniciados, a saber, a fé, a esperança e a caridade. Logo, o mesmo que antes.

Respondo

Respondo, dizendo que a fé é posta por todos como virtude. Para a evidência disso, deve-se notar que a virtude, a partir do seu nome, indica complemento da potência ativa. Contudo, a potência ativa, como diz o Filósofo no livro IX da *Metafísica*,[55] é dupla: uma, cuja ação tem como término um ato exterior, assim como a ação de edificar termina no edificado; a outra, porém, é aquela cuja ação não termina no exterior, mas consiste no mesmo agente, como a visão ao que vê.

Nesses dois tipos de potência, o complemento que é a virtude se considera de diverso modo. Com efeito, porque o ato das

52. Na edição Taurini reproduzida por Enrique Alarcón não há esta divisão que ora propomos: *Sed contra*. O intuito é orientar o leitor quanto à dinâmica da argumentação da exposição do Aquinate.

53. Para uma melhor compreensão do texto, optamos por traduzir literalmente do latim, sem usar a versão da Bíblia de Jerusalém.

54. Na verdade a referência é de PSEUDO-AGOSTINHO, *De spir. et anima*, c. 20: PL 40, 794.

55. ARISTÓTELES, *Metaphysica*, IX, c. 8, 1050a23.

potências dos primeiros, como diz o Filósofo[56] ali mesmo, não está no que faz, mas no feito, por isso, complementar a potência se diz propriamente disso que é realizado. Então, também a virtude do que transporta coisas pesadas se diz estar nisso que transporta o máximo peso, como é claro no livro I do *Sobre o céu e o mundo*[57] e, de modo semelhante, a virtude do edificador está nisso que constrói uma ótima casa. Ora, porque o ato da outra potência consiste no agente, e não em algo em ato, por isso o complemento daquela potência se tomará segundo o modo de agir, a saber, de modo que opere bem e convenientemente, pelo qual seu ato se diga bom. E, então, dá-se que nessas potências a virtude se diz o que torna boa a obra.

Contudo, é distinto o bem último que considera um filósofo e um teólogo. Com efeito, o Filósofo considera como bem último o que é proporcionado às forças humanas, e consiste no ato mesmo do homem. Por isso, diz que a felicidade é certa operação. E, desse modo, segundo o Filósofo, o ato bom, cujo princípio se diz virtude, diz-se absolutamente enquanto é conveniente à potência como o que a aperfeiçoa. Por esse motivo, em qualquer hábito que se encontra tal ato eletivo, o Filósofo diz ser virtude, seja na parte intelectiva, como a ciência e o intelecto, e tais virtudes intelectuais, cujos atos são o bem da mesma potência, a saber, considerar o verdadeiro; seja na parte afetiva, como a temperança, a fortaleza e outras virtudes morais. Mas o teólogo considera como bem ótimo aquilo que excede o poder da natureza, como foi dito acima. Por isso, não considera o bem nos atos humanos de modo absoluto, porque não estabelece ali o fim, mas a ordem àquele bem que estabelece como fim, declarando que só é completamente bom o ato que se ordena imediatamente ao bem final, isto é, que é meritório da vida eterna. E diz que é ato da virtude todo ato assim e chama virtude a qualquer hábito que especificamente apele aos mesmos atos.

56. ARISTÓTELES, *Metaphysica*, IX, c. 8, 1050a30.

57. ARISTÓTELES, *De caelo et mundo*, I, c. 25, 281a7.

No entanto, alguém não pode ser dito merecedor senão na medida em que esteja constituído no poder de operar, porque é necessário que quem mereça demonstre algo, e nada pode se exibir a não ser de algum modo próprio, isto é, a partir de si mesmo. Contudo, um ato está em nosso poder, na medida em que é ato da vontade, seja porque é provocado a partir dela mesma, como o amar e o querer, seja porque é imperado por ela, como o caminhar e o falar. Por isso, em qualquer ato desse tipo pode ser posta alguma virtude, que os ajuda a serem perfeitos em tal gênero de atos. No entanto, crer, como foi dito, não tem assentimento, a não ser pelo império da vontade. Por isso, acima, não tem assentimento a não ser por império da vontade; por isso, segundo isso que é, depende da vontade. E, então, dá-se que o próprio crer pode ser meritório; e a fé, que é hábito que o provoca, é virtude para o teólogo.

Respostas aos argumentos

1. Respondo, portanto, dizendo que o conhecimento e a ciência não são coisas diversas da virtude absolutamente, mas são da virtude moral, que é mais frequentemente chamada virtude.

2. Respondo, dizendo que, ainda que não seja suficiente para que algo seja vício ou virtude o fato de que sua causa seja um vício ou uma virtude, porém, para isso, é suficiente que algum ato seja ato do vício ou da virtude que possa ser imperado pelo vício ou pela virtude.

3. Respondo, dizendo que o bem ao qual a virtude ordena não deve ser tomado como algum objeto de um ato, mas esse bem é o mesmo ato perfeito que a virtude provoca. E ainda que a noção de verdade e a de bem difiram, isso, porém, que o intelecto considera como verdade é um bem para o próprio intelecto, e o assentir à verdade primeira por causa dela mesma é um bem meritório. Logo, a fé, que se conduz a esse ato, é uma virtude.

4. E por isso é clara a resposta ao quarto.

5. Respondo, dizendo que, segundo que agora falamos sobre a virtude, nem a ciência, nem a opinião podem se dizer virtudes, mas só a fé, pois quanto a isso que é da vontade, pelo modo que cai no gênero da virtude, não é meio entre a ciência e a opinião, porque na ciência ou na opinião não há inclinação a partir da vontade, mas apenas pela razão. Contudo, se falássemos delas quanto a isso que é apenas do conhecimento, assim nem a opinião, nem a fé seriam virtude, pois não têm conhecimento completo, mas apenas a ciência.

6. Respondo, dizendo que a verdade primeira não é o objeto próprio da fé, a não ser sob esta razão enquanto não aparece, o que é claro pela definição do Apóstolo,[58] na qual o próprio objeto de fé é posto como o que não aparece. Por isso, quando a verdade primeira estiver presente, perderá a razão do objeto.

7. Respondo, dizendo que a fé, segundo isso, diz-se ser o último da potência, que completa a potência para que provoque um ato bom e meritório. Contudo, para a noção de virtude não se requer que por ela se provoque o ato ótimo que possa ter aquela potência, pois ocorre na mesma potência que haja muitas virtudes, das quais uma provoca um ato mais nobre do que a outra, como a magnificência comparada com a liberalidade.

8. Respondo, dizendo que, em quaisquer duas coisas ordenadas entre si, a perfeição da inferior está como subordinada à superior, assim como a concupiscência que se subordina à razão.

58. Hb, 11,1.

Por isso, o hábito da virtude não se diz expedir o concupiscível de modo que o ato dessa potência flua sem impedimento até as coisas concupiscíveis, mas porque faz com que a potência esteja perfeitamente sujeita à razão. De modo semelhante, também o bem do próprio intelecto está como subordinado à vontade que adere a Deus. Por isso se diz que a fé expede o intelecto, enquanto o cativa sob tal vontade.

9. Respondo, dizendo que a fé nem é virtude moral, nem intelectual, mas é virtude teologal. Contudo, as virtudes teologais, ainda que convenham com as intelectuais ou com as morais no sujeito, diferem, porém, no objeto. Com efeito, o objeto das virtudes teologais é o mesmo fim último, porém o objeto das outras, são as coisas que se ordenam para seu fim. No entanto, por isso, os teólogos acrescentam certas virtudes acerca do próprio fim, o que não fazem os filósofos, porque o fim da vida humana que eles consideram não excede a faculdade da natureza, pois o homem tende a esse fim por inclinação natural. E, assim, não é necessário que alguns hábitos o elevem para alcançá-lo, assim como é necessário que o elevem para tender ao fim que excede à faculdade da natureza, que os teólogos consideram.

10. Respondo, dizendo que a fé não está no intelecto, a não ser segundo que é imperado pela vontade, como é claro pelo dito. Por isso, ainda que o que é por parte da vontade possa se dizer acidental ao intelecto, é, porém, essencial à fé, assim como o que é da razão é acidental ao concupiscível, porém, essencial à temperança.

11. Respondo, dizendo que a profecia não depende da vontade do que profetiza, como se diz em II Pd 1, 21; porém a fé, de certo modo, procede da vontade do que crê. E, por isso, a profecia não pode se dizer virtude como a fé.

Artigo 4

Quarto, pergunta-se qual é o sujeito da fé[59]

E parece que não está na parte cognitiva, mas na afetiva.

59. Outros lugares: *In III Sent.*, d. 23, q. 2, a. 3, qc. 1; *STh.* II-II, q. 4, a. 2.

Argumentos

1. Com efeito, parece que a virtude está na parte afetiva, pois a virtude é certo amor ordenado, como diz Agostinho no livro *Sobre os costumes da Igreja*.[60] Ora, a fé é virtude. Logo, está na parte afetiva.

2. Além do mais, a virtude implica certa perfeição, pois é uma disposição do perfeito para o ótimo, como se diz no livro VII da *Física*.[61] Ora, como a fé tem algo de perfeição e algo de imperfeição, isso que é da imperfeição é por parte do conhecimento, porém o que há de perfeição é da vontade, a saber, de modo que adira com firmeza às coisas invisíveis. Logo, segundo que é virtude, está na parte afetiva.

3. Além do mais, Agostinho diz, em *Contra Mendácio*,[62] que, ainda que o párvulo não tenha fé, que consiste na vontade

60. AGOSTINHO, *De moribus Ecclesiae*, I, c. 15: PL 32, 1322.

61. ARISTÓTELES, *Physica*, VII, c. 3, 246b23.

62. AGOSTINHO, *Contra Mendacium ad Consentium*, Epist. 98, n. 10: PL 33, 364.

dos que creem, porém tem o sacramento da fé, pelo qual afirma expressamente que a fé está na vontade.

4. Além do mais, no livro *Sobre a predestinação dos santos*,[63] diz Agostinho que as palavras do Apóstolo: *que tens que não tenha recebido?*, referem-se à fé que depende da vontade dos que creem. E, assim, o mesmo que antes.

5. Além do mais, parece que a disposição e a perfeição são o mesmo. Ora, a fé dispõe para a glória, que também está na parte afetiva. Logo, também a fé consiste na afetiva.

6. Além do mais, o mérito consiste na vontade, porque só a vontade é dona de seus atos. Ora, o ato da fé é meritório. Logo, é um ato da vontade. E, assim, parece que a fé consiste na vontade.

7. Porém se poderia dizer que está simultaneamente na parte afetiva e cognitiva. – Mas, ao contrário, um único hábito não pode ser próprio de duas potências. Ora, a fé é um único hábito. Logo, não pode estar na parte afetiva e cognitiva, que são duas potências.

Ao contrário

1. O hábito que aperfeiçoa alguma potência convém com ela no objeto, pois, de outra maneira, não poderia ser um ato da potência e do hábito. Ora, a fé não convém no objeto com a potência afetiva, mas apenas com a cognitiva, porque o objeto de ambas é o verdadeiro. Logo, a fé está na potência cognitiva.

2. Além do mais, Agostinho diz na epístola *Contra Mendácio*,[64] que a fé é a iluminação da mente para a verdade primeira.

63. AGOSTINHO, *De praedestinatione sanctorum*, c. 5: PL 44, 968.

64. AGOSTINHO, *Contra Mendacium ad Consentium*, Epist. 120, c.2: PL 33, 457.

Ora, ser iluminado pertence à potência cognitiva. Portanto, a fé está na parte cognitiva.

3. Além do mais, se se diz que a fé está na vontade, isso não será senão porque cremos querendo. Ora, de modo semelhante, operamos todos os atos da virtude conhecendo, como é claro no livro II da *Ética*.[65] Logo, pela mesma razão, todas as virtudes estariam na parte cognitiva, o que é claramente falso.

4. Além do mais, pela graça que está nas virtudes, é aperfeiçoada a imagem que consiste nas três potências, a saber, a memória, a inteligência e a vontade. Contudo, as três virtudes que primeiro se referem à graça são a fé, a esperança e a caridade. Logo, alguma dessas virtudes deverá estar na inteligência. Ora, consta que a esperança e a caridade não estão. Logo, deverá ser a fé.

5. Além do mais, assim como a potência afetiva se relaciona com o digno de aprovação ou reprovação, a potência cognitiva se refere ao provável e ao improvável. Ora, a virtude pela qual se aprova o reprovável, segundo a razão humana, a saber, a caridade, pela qual se ama o inimigo, que naturalmente parece ser reprovável, está na parte afetiva. Logo, a fé, pela qual se aprova ou se defende o que parece ser improvável, estará na parte cognitiva.

Respondo

Respondo, dizendo que acerca dessa questão muitos opinaram de muitos modos. Com efeito, alguns[66] disseram que a fé está em ambas as potências, a saber, na afetiva e na cognitiva. O que de nenhum modo pode ser, se for entendido que está de igual modo em ambas. De fato, de um único hábito deve haver

65. ARISTÓTELES, *Ethica Nicomachea*, II, c. 4, 1105a31.

66. Cfr. FELIPE, O CHANCELER, *Summa de bono* (ms. Vat. Let. 7669, f. 81rb).

um único ato, pois um único ato não pode ser próprio de duas potências, no mesmo sentido. Por isso alguns[67] deles acrescentam que a fé está principalmente na parte afetiva. Mas isso não parece verdadeiro, pois o mesmo crer implica certo pensamento, como é claro por Agostinho. Contudo, o pensamento é um ato da parte cognitiva, mas também a fé se diz ciência e, de algum modo, visão, como foi dito acima: todas as coisas pertencem ao conhecimento.

Outros,[68] porém, dizem que a fé está no intelecto, mas no prático, porque dizem que o intelecto prático é o que inclina pelo afeto, ou o que segue o afeto, ou que inclina à obra, e essas três coisas se encontram na fé. De fato, uma pessoa se inclina à fé a partir do afeto, pois cremos porque queremos. O próprio afeto também segue à fé, na medida em que o ato da fé gera, de certo modo, o ato da caridade. A própria fé também dispõe a obra, *pois a fé opera pela caridade*,[69] como se diz em Gl 5,6.

Contudo, parece que esses autores não entendem bem o que é o intelecto prático. Com efeito, o intelecto prático é o mesmo que o intelecto operativo, onde só o fato de estender para a ação torna o intelecto prático. Contudo, com relação ao afeto, seja antecedente ou consequente, não faz com que algo deixe de pertencer ao gênero do intelecto especulativo. Com efeito, caso contrário, aquele que estivesse disposto para a especulação da verdade nunca encontraria deleitação, o que é contra o Filósofo no livro X da *Ética*,[70] que expõe que a deleitação puríssima está no ato do intelecto especulativo. Nem qualquer relação com a obra

67. Cfr. HUGO DE SÃO VÍTOR, *De sacramentis*, I, p. X, c. 3: PL 176, 331; ALBERTO MAGNO, *Super Sent.*, III, d. 23, a. 1.

68. Cfr. ALBERTO MAGNO, *Super Sent.*, III, d. 23, a. 1; BOAVENTURA, *Super Sent.*, III, d. 23, q. 2.

69. Para uma melhor compreensão do texto, optamos por traduzir literalmente do latim, sem usar a versão da Bíblia de Jerusalém.

70. ARISTÓTELES, *Ethica Nicomachea*, X, c. 10, 1177a23.

faz com que o intelecto seja prático, porque uma simples especulação pode ser para alguém ocasião remota de fazer alguma coisa, como o Filósofo especula que a alma é imortal e, então, como causa remota, toma ocasião para operar de determinado modo. Mas, para que haja intelecto prático, é necessário que seja regra próxima da operação, posto que por ele se considera a ação mesma e as razões do atuar ou as causas da ação. Contudo, consta que o objeto da fé não é o verdadeiro operável, mas o verdadeiro incriado, no qual não pode ser senão o ato de intelecto especulativo. Por isso, a fé está no intelecto, ainda que, às vezes, seja como uma ocasião remota para operar algo. Daí que, também, não se lhe atribuem essa operação, a não ser mediante o amor.

Contudo, deve-se saber que não está absolutamente no intelecto especulativo, mas apenas enquanto está subordinada ao império da vontade, como também a temperança está no concupiscível, na medida em que participa, de algum modo, da razão. Com efeito, quando se requer para a bondade do ato alguma potência que ela mesma esteja subordinada a uma potência superior e siga seu império, não só requer que a potência superior seja perfeita, de modo que impere ou dirija retamente, mas que também o seja a inferior e, assim, obedeça com prontidão. Disso se segue que aquele que tem uma reta razão, mas uma concupiscência indômita, não tem a virtude da temperança, porque está infestado pelas paixões, ainda que não seja conduzido [por elas]. E, assim, não opera com facilidade e com deleite o ato da virtude, que se exige para a virtude. Mas, para que haja temperança, é necessário que também a concupiscência tenha sido aperfeiçoada pelo hábito e se subordine sem dificuldade alguma à vontade. E de acordo com isso, o hábito da temperança se diz que está no concupiscível. E, de modo semelhante, é necessário para isso que o intelecto siga prontamente o império da vontade, que haja algum hábito no mesmo intelecto especulativo. E esse é o hábito da fé divinamente infuso.

Respostas aos argumentos

1. Respondo, portanto, dizendo que aquela frase de Agostinho deve ser entendida com relação às virtudes morais, das quais ali se está falando. Ou se pode dizer que fala das virtudes quanto à forma delas, que é a caridade.

2. Respondo, dizendo que na potência cognitiva há certa perfeição, que se refere ao fato de que se submete à vontade que adere a Deus.

3. Respondo, dizendo que Agostinho fala do ato da fé, que, certamente, diz-se que está na vontade não como no objeto, mas como na causa, enquanto é imperado pela vontade.

4. E, de modo semelhante, deve ser dito ao quarto.

5. Respondo, dizendo que não é necessário que a disposição e o hábito estejam no mesmo, exceto quando a mesma disposição se faz hábito, como é claro no membro do corpo, no qual pela disposição de um único membro resta um determinado efeito em outro membro. E, de modo semelhante, nas potências da alma, porque a partir da boa disposição da imaginação se segue a perfeição do conhecimento no intelecto.

6. Respondo, dizendo que o ato da vontade não só é o que causa diretamente a vontade, mas também o que a vontade impera. E, por isso, em ambos os casos se encontra mérito, como é claro pelo dito.

7. Respondo, dizendo que um hábito não pode ser de igual modo próprio de duas potências, mas pode ser de uma segundo que tem ordem com relação à outra. E, assim, dá-se com a fé.

Artigo 5

Quinto, pergunta-se se a caridade é a forma da fé[71]

E parece que não.

71. Outros lugares: *In III Sent.*, d. 23, q. 3, a. 1, qc. 1; *De carit.*, a. 3; *STh.* II-II, q. 4, a. 3.

Argumentos

1. Com efeito, das coisas que se distinguem como opostas, uma não pode ser a forma da outra. Ora, a fé e a caridade se distinguem como opostas. Logo, a caridade não é a forma da fé.

2. Mas se poderia dizer que, certamente consideradas por si mesmas, dividem-se como opostas; porém, enquanto se ordenam a um fim único, que merecem por seus atos, assim a caridade é a forma da fé. – Mas, ao contrário, entre as causas há duas que são extrínsecas, a saber, a agente e a final; e há, porém, duas intrínsecas, a saber, a formal e a material. Ora, duas coisas diversas podem convir entre si em um princípio extrínseco, não, porém, por causa disso convêm em um princípio intrínseco. Logo, por isso que a fé e a caridade se ordenam a um único fim, não pode ser que a caridade seja a forma da fé.

3. Mas se poderia dizer que a caridade não é a forma intrínseca da fé, mas extrínseca, como exemplar. – Mas, ao contrário, o que imita o exemplar recebe a espécie do exemplar. Por isso, diz Hilário[72] que *a imagem é da coisa que é imaginada uma espécie indiferente*. Ora, a fé não recebe a espécie da caridade. Logo, a caridade não pode ser forma exemplar da fé.

4. Além do mais, toda forma ou é substancial, ou é acidental, ou é exemplar. Ora, a caridade não é forma substancial da fé, porque assim seria com relação à sua integralidade, nem mesmo é forma acidental, porque assim a fé seria mais nobre do que a caridade, como é o sujeito em relação ao acidente, tampouco é forma exemplar, porque assim a caridade poderia existir sem a fé, como é o exemplar sem o que o imita. Logo, a caridade não é a forma da fé.

5. Além do mais, o prêmio corresponde ao mérito. Ora, o prêmio consiste principalmente em três dotes, a saber, na visão que sucederá à fé, na possessão, que sucederá à esperança, na fruição, que corresponde à caridade. Ora, diz-se que o prêmio consiste principalmente na visão. Por isso, diz Agostinho que a visão é toda a recompensa. Portanto, também o mérito, como o prêmio, deve ser atribuído à fé. E, assim, segundo que se ordenam a merecer, antes parece que a fé seja a forma da caridade do que o inverso.

6. Além do mais, de um único perfectível há uma só perfeição. Ora, a forma da fé é a graça. Logo, a caridade não é sua forma, pois a caridade não é o mesmo que a graça.

7. Além do mais, sobre o que se diz em Mt 1,2: *Abraão gerou Isaac* etc., diz a Glosa que *a fé antecede a esperança, e a esperança a caridade*; que se entende quanto ao ato, não quanto ao

72. HILÁRIO, *De synodis*, n. 13: PL 10, 490 B.

hábito. Portanto, o ato da caridade depende do ato da fé. Ora, a forma não depende daquilo do qual é forma, mas o inverso. Logo, a caridade não é forma da fé segundo que se ordenam ao ato meritório.

8. Além do mais, os hábitos se distinguem propriamente pelos objetos. Ora, os objetos da fé e da caridade são diversos, a saber, o bom e o verdadeiro. Portanto, também os hábitos se distinguem formalmente. Ora, todo ato procede de uma forma. Logo, são diversos os atos desses hábitos. E, assim, também na ordem ao ato não pode ser que a caridade seja a forma da fé.

9. Além do mais, segundo isso a caridade é forma da fé que informa a fé. Portanto, se a caridade não informasse a fé, a não ser por ordem ao ato, a caridade não seria a forma da fé, mas do ato da fé.

10. Além do mais, em I Cor 13,13, diz o Apóstolo: *agora, portanto, permanecem fé, esperança, caridade, estas três coisas*; ali, a fé, esperança e caridade se distinguem como opostas. Contudo, parece que fala acerca da fé formada, porque não estabelece que a fé informe seja virtude, como será dito.[73] Portanto, a fé formada se distingue da caridade. Logo, a caridade não pode ser a forma da fé.

11. Além do mais, o ato da virtude requer que seja reto e que seja voluntário. Ora, assim como o princípio do ato voluntário é a vontade, assim também o princípio do ato reto é a razão. Logo, assim como para o ato da virtude se requer isso que é da vontade, assim também ocorre com isso que é próprio da razão. E, dessa forma, como a caridade, que está na vontade, é a forma

73. TOMÁS DE AQUINO, *De Veritate*, q. 14, a. 6.

das virtudes, assim também ocorre com a fé, que está na razão. E, assim, uma não deve se dizer forma da outra.

12. Além do mais, é o mesmo aquilo que vivifica e informa. Ora, a vida espiritual é atribuída à fé, como é claro em Hb 2,4: *o justo viverá por sua fidelidade.*[74] Logo, também a formação das virtudes deve ser atribuída mais à fé do que à caridade.

13. Além do mais, nisso que tem a graça, o ato de fé é formado. Ora, é possível que o ato da fé de tal homem não tenha ordem com relação à caridade. Logo, o ato da fé pode não ser formado pela caridade. E, assim, não parece que a caridade seja a forma da fé em ordem ao ato.

Ao contrário

1. É forma da fé aquilo sem o qual a fé é informe. Ora, a fé sem caridade é informe. Logo, a caridade é a forma da fé.

2. Além do mais, Ambrósio[75] diz que a caridade é a mãe de todas as virtudes, que informa todas.

3. Além do mais, segundo isso, alguma virtude se diz ser formada porque pode provocar um ato meritório. Ora, nenhum ato pode ser meritório e recebido por Deus a não ser que proceda do amor. Logo, a caridade é a forma de todas as virtudes.

4. Além do mais, isso a partir do qual algo tem a virtude de operar é sua forma. Ora, a fé tem a virtude de operar a partir

74. O termo original latino é *ex fide*, que também pode ser traduzido como "por fidelidade", opção esta utilizada pela Bíblia de Jerusalém.

75. Cfr. PSEUDO-AMBRÓSIO, *Super I Cor.*, c. VIII: PL 17, 239 A.

da caridade, porque se lê em Gl 5,6: *a fé opera pela caridade.*[76] Logo, a caridade é a forma da fé.

Respondo

Respondo, dizendo que acerca dessa questão há diversas opiniões. Com efeito, alguns[77] disseram que a mesma graça é a forma da fé e das outras virtudes, e não alguma outra virtude, a não ser, pois, que a graça seja uma mesma coisa com a virtude. Ora, isso não pode ocorrer. Com efeito, ou a graça e a virtude diferem por essência, ou apenas por razão, a graça é relativa à essência da alma, porém, a virtude à potência. Contudo, ainda que a essência da alma seja a raiz de todas as potências, porém, nem todas as potências procedem de igual maneira da essência, pois algumas potências são naturalmente anteriores a outras, e movem as outras. Por isso, também, é necessário que os hábitos que estão nas potências inferiores sejam formados pelos hábitos que estão nas potências superiores. E, assim, a formação das virtudes inferiores deve proceder de alguma virtude superior, não imediatamente da graça. Por isso, quase comumente se diz que a caridade, como a principal das virtudes, é a forma das outras virtudes, não só enquanto é o mesmo que a graça, ou tem a graça inseparavelmente anexa, mas também por isso mesmo que é a caridade. E, dessa forma, também se diz que é a forma da fé.

No entanto, aqui deve ser entendido o modo como a fé é formada pela caridade. Com efeito, sempre que há dois princípios que movem ou agem ordenados entre si, aquilo que no efeito procede do agente superior é assim como o formal, mas o que procede do agente inferior é assim como o material. E isso é claro tanto nas coisas naturais como nas morais. No ato da potência nutritiva, o primeiro agente é a natureza da alma e o

76. Para uma melhor compreensão do texto, optamos por traduzir literalmente do latim, sem usar a versão da Bíblia de Jerusalém.

77. Cfr. PEDRO LOMBARDO, *Lib. Sent.* II, d. 27, c. 6.

agente instrumental é o calor, como se diz no livro II do *Sobre a alma*,[78] pois aquilo que é acrescido à carne, por conta da nutrição, é devido ao calor, como ocorre com o crescimento dos membros ou a compleição corporal, e isso é material em relação ao tipo de carne, que é gerada a partir da potência da alma. De modo semelhante, como a razão também impera sobre as potências inferiores, como sobre o irascível e o concupiscível, no hábito do concupiscível, o que procede do concupiscível, como certa inclinação para gozar de algum modo das coisas concupiscíveis, é como o material na temperança, porém a ordem, que é da razão, e a retitude são como sua forma. E, assim, também ocorre nas outras virtudes morais. Por isso, alguns filósofos chamavam ciências a todas as virtudes, como se diz no livro VI da *Ética*.[79] Portanto, como a fé está no intelecto segundo que é movido e imperado pela vontade, isso que é por parte do conhecimento é como o material na mesma, mas por parte da vontade deve-se tomar sua formação. E, assim, como a caridade é perfeição da vontade, a fé é informada pela caridade. E, pela mesma razão, todas as outras virtudes o são, enquanto que o teólogo as considera, a saber, como princípios do ato meritório. No entanto, não pode algum ato ser meritório a não ser que seja voluntário, como foi dito acima. E, assim, é claro que todas as virtudes que um teólogo considera estão nas potências da alma na medida em que são movidas pela vontade.

Respostas aos argumentos

1. Respondo, portanto, dizendo que não se diz que a caridade é a forma da fé do modo pelo qual a forma é parte da essência, pois, assim, não poderia se distinguir da fé, mas enquanto

78. ARISTÓTELES, *De anima*, II, c. 8, 416a9 ss.

79. ARISTÓTELES, *Ethica Nicomachea*, VI, c. 11, 1144b29.

a fé consegue alguma perfeição a partir da caridade; assim como também se diz que, no universo, os elementos superiores são como a forma dos inferiores, como o ar da água e a água da terra, como se diz no livro IV da *Física*.[80]

2. E por isso é clara a resposta ao segundo.

3. Respondo, dizendo que o modo pelo qual a caridade se diz forma se aproxima daquele modo pelo qual dizemos que o exemplar é forma, porque o que é da perfeição na fé se deduz da caridade, de maneira que a caridade tenha aquilo de modo essencial, porém a fé e as outras virtudes, de modo participado.

4. Respondo, dizendo que o próprio hábito da caridade, por não ser intrínseco à fé, não pode se dizer nem sua forma substancial, nem acidental, porém, de algum modo, pode se dizer forma exemplar. Contudo, nem é necessário que a caridade possa ser sem a fé. Com efeito, a caridade não é exemplar da fé, quanto ao que é próprio da fé, pois, assim, a fé precede a caridade por parte do seu conhecimento que está na fé, mas só quanto ao que é perfeita. E, assim, nada impede que a fé, por um lado, quanto a algo seja anterior à caridade, de modo que sem ela a caridade não possa existir; e, por outro lado, quanto a outra coisa seja exemplar da fé, a qual sempre forma enquanto que sempre está presente ali. Mas isso que pela caridade permanece na fé é intrínseco à fé, e de que modo é acidental ou substancial à fé, será dito a seguir.

5. Respondo, dizendo que a vontade e o intelecto precedem entre si de modos diversos. Com efeito, o intelecto precede a vontade na via de recepção, pois, para que algo mova a vontade,

80. ARISTÓTELES, *Physica*, IV, c. 8, 212b35.

é necessário que antes seja recebido no intelecto, como é claro no livro III do *Sobre a alma*.[81] Ora, a vontade é anterior no mover ou operar, porque toda ação ou movimento procede da intenção de bem. E, então, dá-se que a vontade, cujo objeto próprio é o bem sob razão de bem, diz-se mover todas as potências inferiores. Contudo, o prêmio se diz por modo de recepção, mas o mérito por modo de ação. Por isso, todo prêmio é atribuído principalmente ao intelecto, e se diz que a visão é toda recompensa, porque a recompensa se incoa no intelecto e se consuma no afeto. No entanto, o mérito é atribuído à caridade, porque a primeira que move a realizar obras meritórias é a vontade, a qual a caridade aperfeiçoa.

6. Respondo, dizendo que é impossível que muitas sejam as perfeições de uma mesma coisa. No entanto, a graça é como a perfeição primeira das virtudes, mas a caridade é assim como a perfeição próxima.

7. Respondo, dizendo que o ato da fé que precede a caridade é um ato imperfeito, que espera a perfeição da caridade, pois a fé, quanto a alguma coisa, é anterior à caridade, e quanto a outra coisa é posterior, como foi dito.

8. Respondo, dizendo que aquela objeção procede com relação ao ato de fé que é por si mesmo, mas não enquanto é aperfeiçoado pela caridade.

9. Respondo, dizendo que, quando uma potência superior é perfeita, a partir de sua perfeição deixa alguma perfeição na potência inferior. E, assim, como a caridade está na vontade, sua perfeição redunda, de algum modo, no intelecto. Desse modo, a caridade não só forma o ato da fé, mas também a própria fé.

81. ARISTÓTELES, *De anima*, III, c. 15, 433b11.

10. Respondo, dizendo que o Apóstolo, com aquelas palavras, parece se referir a esses hábitos não atendendo neles à razão de virtude, mas antes que são certos dons e perfeições. Por isso, no mesmo contexto, faz menção da profecia e algumas outras graças dadas gratuitamente, as quais não são expostas como virtudes. Contudo, fala delas enquanto são certas virtudes, ainda que o argumento não proceda. Com efeito, há algumas outras coisas que são divididas como opostas, uma das quais, porém, é a causa ou perfeição da outra, tal como o movimento local se divide contra outros movimentos, por ser, porém, causa deles. E, assim, a caridade se divide contra as outras virtudes, ainda que seja sua forma.

11. Respondo, dizendo que a razão pode ser considerada de dois modos. De um modo, em si mesma; e de outro, na medida em que rege as potências inferiores. Portanto, enquanto é reitora das potências inferiores é aperfeiçoada pela prudência. E, então, dá-se que todas as outras virtudes morais, pelas quais são aperfeiçoadas as potências inferiores, são formadas pela prudência, assim como por forma próxima. Ora, a fé aperfeiçoa a razão considerada em si, enquanto é especulativa do verdadeiro. Por isso, o próprio dela não é formar as virtudes inferiores, mas ser formada a partir da caridade, a qual forma também as outras virtudes, e inclusive a própria potência, enquanto também a própria prudência raciocina por causa do fim, que é objeto da caridade, acerca das coisas que são para o fim.

12. Respondo, dizendo que algo comum é atribuído a alguma coisa, de maneira especial, de dois modos: ou porque lhe convém de modo perfeitíssimo, assim como atribuímos o conhecer ao intelecto; ou porque é o que se encontra primeiramente, como o viver se atribui à alma vegetal, como é claro no livro I do

Sobre a alma,[82] porque a vida é o que primeiramente se vê nos seus atos. Logo, a vida espiritual é atribuída à fé, porque primeiramente aparece em seu ato, ainda que seu complemento esteja na caridade, e, por isso, ela mesma é a forma das outras virtudes.

13. Respondo, dizendo que no que tem caridade não pode haver um ato da virtude, a não ser formado pela caridade. Com efeito, ou aquele ato está ordenado ao fim devido, o que é por caridade naquele que tem a caridade; ou não está ordenado ao fim devido, e assim não será ato da virtude. Por isso, não pode suceder que o ato da fé esteja formado pela graça e não pela caridade, porque a graça não tem a ordem ao ato, a não ser mediante a caridade.

82. Cfr. ARISTÓTELES, *De anima*, II, c. 7, 415a23.

Artigo 6

Sexto, pergunta-se se a fé informe é virtude[83]

E parece que sim.

83. Outros lugares: *In III Sent.*, d. 23, q. 3, a. 1, qc. 2; *STh.* II-II, q. 4, a. 4 e 5.3.

Argumentos

1. Com efeito, aquilo que a fé consegue a partir da caridade não pode ser essencial à própria fé, pois pode haver fé sem isso. Ora, o que é acidental de algo não é posto no gênero. Portanto, a fé não se coloca no gênero da virtude por ser formada pela caridade. Logo, é virtude sem a forma da caridade.

2. Além do mais, nada se opõe a um vício, a não ser uma virtude ou um vício. Ora, a infidelidade, que é um vício, opõe-se à fé informe, não como a um vício. Logo, opõe-se como a uma virtude. E, assim, o mesmo que antes.

3. Mas se poderia dizer que a infidelidade se opõe só à fé formada. – Mas, ao contrário, é necessário que os hábitos dos quais há atos opostos sejam opostos. Ora, da fé informe e da infidelidade há atos opostos, a saber, assentir e dissentir. Logo, a fé informe se opõe à infidelidade.

4. Além do mais, parece que a virtude não é outra coisa do que o hábito perfectivo de alguma potência. Ora, o intelecto é aperfeiçoado pela fé informe. Logo, é virtude.

5. Além do mais, os hábitos infusos são mais nobres do que os hábitos adquiridos. Ora, os hábitos adquiridos, a saber, os políticos, diz-se que são virtudes, ainda que sem a caridade, assim como são expostos pelos filósofos.[84] Logo, com maior razão a fé, que é hábito informe, por ser hábito infuso, é virtude.

6. Além do mais, diz Agostinho[85] que as outras virtudes, com exceção da caridade, podem existir sem a graça. Logo, também a fé informe, que existe sem a graça, é virtude.

Ao contrário

1. Todas as virtudes são conexas, de modo que quem tem uma tem todas, assim como diz Agostinho.[86] Ora, a fé informe não está anexa às outras. Logo, não é virtude.

2. Além do mais, nenhuma virtude está nos demônios. Nos demônios há fé informe, pois os demônios creem, como se diz em Tg 2,19. Logo, a fé informe não é virtude.

Respondo

Respondo, dizendo que, falando propriamente sobre a virtude, a fé informe não é virtude. A razão disso é porque a virtude, falando propriamente, é um hábito capaz de provocar o ato

84. MACRÓBIO, *Comment. in somn. Scipionis*, I, c. 8, 5.

85. Na verdade a referência é de: PRÓSPERO DE AQUITÂNIA, *Sententiae ex August. delibatae*, 7: PL 45, 1859 e PL 51, 428.

86. AGOSTINHO, *De Trinitate*, VI, c. 4: PL 42, 927.

perfeito. Contudo, quando algum ato depende de duas potências, não se pode dizer perfeito a não ser que se encontre em uma e outra potência tanto nas virtudes morais como nas intelectuais. Com efeito, o conhecimento das conclusões exige duas coisas, a saber, o intelecção dos primeiros princípios e a razão que deduz os princípios nas conclusões. Portanto, ou alguém erra ou duvida acerca dos princípios, ou falha raciocinando, ou não compreende a força do raciocínio, e não haverá nele um perfeito conhecimento das conclusões, daí não haverá nem a ciência, que é intelectual. De modo semelhante, também, o ato concupiscível depende da razão e do concupiscível. Por isso, se a razão não é perfeita pela prudência, não pode haver um ato concupiscível perfeito, por mais que a inclinação até o bem resida no concupiscível, porque nem a temperança, nem alguma outra virtude moral podem ser sem a prudência, como se diz no livro VI da *Ética*.[87] Portanto, como crer depende tanto do intelecto quanto da vontade, como é claro pelo que foi dito acima, tal ato perfeito não pode ocorrer a não ser também que a vontade seja perfeita pela caridade, e também o intelecto, pela fé. E, então, dá-se que a fé informe não pode ser virtude.

Respostas aos argumentos

1. Respondo, dizendo que algo pode ser acidental a outra coisa enquanto que está no gênero da natureza, que lhe é essencial enquanto se refere ao gênero moral, a saber, ao vício e à virtude, tal como ocorre com a finalidade devida de comer, ou qualquer outra circunstância devida. E, de modo semelhante, o que a fé recebe da caridade lhe é acidental segundo o gênero da natureza, mas é essencial enquanto se refere ao gênero do agir. E, por isso, coloca-se no gênero da virtude.

---

87. ARISTÓTELES, *Ethica Nicomachea*, VI, c. 11, 1144b32.

2. Respondo, dizendo que o vício não só se opõe à virtude perfeita, mas também ao que é imperfeito no gênero da virtude, como a intemperança natural se opõe à inclinação natural ao bem que está no concupiscível. E, assim, a infidelidade se opõe à fé informe.

3. Concedemos o terceiro.

4. Respondo, dizendo que pela fé informe o intelecto não é conduzido a uma suficiente perfeição da virtude, como é claro pelo dito.

5. Respondo, dizendo que os filósofos não consideram as virtudes segundo que são princípios de um ato meritório. E, por isso, segundo eles, os hábitos não formados pela caridade podem ser chamados virtudes, porém não segundo o teólogo.

6. Respondo, dizendo que Agostinho toma em sentido amplo o termo virtude, quando fala de todos os hábitos que conduzem aos atos louváveis. Ou se pode dizer que Agostinho não entende que os hábitos que existem sem a graça são ditos virtudes, mas porque há alguns hábitos que são virtudes quando existem com a graça, que permanecem sem a graça, ainda que, então, não sejam virtudes.

Artigo 7

Sétimo, pergunta-se se é o mesmo o hábito da fé informe e o da fé formada[88]

E parece que não.

88. Lugares paralelos: *Super Sent.* III, d. 23, q. 3, a. 1, qc. 3 e a. 4, qc. 1, 2 e 3; *Sum. Th.* II-II, q. 4, a. 4; *Super Rom.*, cap. 1, Lect. 6.

Argumentos

1. Com efeito, a graça adveniente não tem menor eficácia no fiel do que no infiel. Ora, no infiel, quando se converte, infunde-se simultaneamente com a graça o hábito da fé. Logo, também, de modo semelhante, no fiel. E, assim, o hábito da fé formada é distinto do hábito da fé informe.

2. Além do mais, a fé informe é princípio do temor servil,[89] porém, a fé formada é princípio do temor inocente ou filial. Ora, ao advir o temor filial ou casto,[90] o temor servil é expelido. Logo, também é expelida a fé informe, ao advir a fé formada. E, assim, não é o mesmo o hábito de ambas.

3. Além do mais, assim como diz Boécio,[91] os acidentes podem ser corrompidos, porém, minimamente podem ser alte-

---

89. Cf. GUILHERMO DE AUXERRE, *Summa aurea*, III, tr. 8, c. 3, q. 1 (f. 183rb e vb)

90. Cf. PEDRO LOMBARDO, *Lib. Sent.* III, d. 34, c. 4.

91. BOÉCIO, *In Categor. Arist.* I c. *De substantia* (PL 64, 199 A).

rados. Ora, o hábito da fé informe é certo acidente. Logo, não pode ser alterado, de modo que seja o mesmo hábito formado.

4. Além do mais, ao advir a vida, o morto desaparece. Ora, *a fé*, que é informe, é *morta sem obras*, como se diz em Tg 2,26. Logo, ao advir a caridade, que é princípio da vida, a fé informe é removida. E, assim, não se torna formada.

5. Além do mais, a partir de dois acidentes não se faz um só. Ora, a fé informe é certo acidente. Logo, não pode ser que a partir dela e da caridade seja feito um só, o que pareceria que é necessário se a mesma fé fosse formada.

6. Além do mais, quaisquer coisas que diferem no gênero diferem também na espécie e no número. Ora, a fé informe e a formada diferem no gênero, pois uma é virtude e a outra não. Logo, também diferem na espécie e no número.

7. Além do mais, os hábitos se distinguem por seus próprios atos. Ora, os atos da fé formada e da informe são diversos, a saber, crer em Deus, crer por Deus ou crer Deus.[92] Logo, são hábitos diversos.

8. Além do mais, os diversos hábitos são removidos por diversos vícios, pois cada um é removido pelo seu contrário, e um único é contrário a um. Ora, a fé formada é removida pelo pecado de fornicação; não, porém, a fé informe, que é só pelo pecado de infidelidade. Logo, a fé informe e formada são hábitos diversos.

92. Tradução do trecho: *credere in Deum, et credere Deo, vel Deum*. Cf. PEDRO LOMBARDO, *Lib. Sent.* III, d. 23, c. 4.

Ao contrário

1. Diz-se em Tg 2,26: é *morta a fé sem obras*, na qual diz a Glosa: *pelas quais revive*. Logo, a própria fé informe que esteve morta é formada e revive.

2. Além do mais, as coisas não se diversificam pelo que está fora da essência das coisas. Ora, a caridade está fora da essência da fé. Logo, por isso que é sem caridade, ou com a caridade, não se diversifica o hábito da fé.

Respondo

Respondo, dizendo que acerca disso há diversas opiniões. Com efeito, alguns[93] dizem que o hábito que foi informe nunca foi formado, mas quando se infunde a graça, há um novo hábito, que é a fé formada; e, ao advir este, o hábito da fé informe desaparece. Ora, isso não pode ser, porque nada é expelido, a não ser por seu oposto. Portanto, se o hábito da fé informe é expelido pelo hábito da fé formada – pois não se opõe senão em razão da informidade –, seria necessário que a mesma informidade fosse sobre a essência da fé informe e, assim, seria um mal hábito por causa de sua essência, e não poderia ser dom de Deus. E, além disso, quando alguém peca mortalmente, removem-se a graça e a fé formada, mas vemos a fé permanecer. E não é provável o que dizem,[94] que nesse momento o dom da fé informe é infundido novamente, porque, nesse caso, por pecar, alguém se disporia a receber algum dom de Deus. E, por isso, outros[95]

93. GUILHERMO DE AUXERRE, *Summa aurea*, III, tr. 15, q. 3 (fol. 209ra).

94. Cf. BOAVENTURA, *Super Sent.*, III, d. 23, a. 2, q. 4.

95. FELIPE, O CHANCELER, *Summa de bono* (ms. Vat. Lat. 7669, f. 82va); ALEXANDRE DE HALES, *Summa fr. Alexandri*, III, par. n. 656 (p. 1.041) alegam a mesma opinião.

dizem que, quando advém a caridade, não é removido o hábito, mas apenas o ato de fé informe. Mas tampouco isso pode ser mantido, porque assim o hábito permaneceria ocioso. E, além disso, como o ato da fé informe não tem uma essencial contrariedade para com o ato da fé formada, não pode ser impedido por ele. Nem, por sua vez, pode se dizer que ambos os atos e hábitos são simultaneamente, porque a fé formada pode realizar todo ato que realiza a fé informe. Por isso, o mesmo ato proviria dos hábitos, o qual não convém.

E, por isso, deve-se dizer com os outros[96] que a fé informe permanece quando advém a caridade e essa mesma é formada. E, assim, se remove a informidade. O que pode ser visto assim. Com efeito, nas potências ou nos hábitos, a diversidade se considera segundo duas coisas, a saber, a partir dos objetos e a partir do diverso modo de agir. Contudo, a diversidade dos objetos diversifica de modo essencial as potências e os hábitos, assim como a visão difere da audição, e a castidade, da fortaleza. Mas, quanto ao modo de agir, as potências ou hábitos não se diversificam por essência, mas segundo o completo e o incompleto. De fato, que alguém veja com mais ou menos clareza, ou exerça o ato da castidade mais ou menos prontamente, não diversifica a potência visiva ou o hábito da castidade, mas mostra que a potência e o hábito são mais perfeitos e menos perfeitos. Contudo, a fé formada e a informe não diferem no objeto, mas apenas no modo de agir. Com efeito, a fé formada assente à verdade primeira com perfeita vontade, porém a fé informe, com vontade imperfeita. Por isso, a fé formada e a informada não se distinguem assim como dois hábitos diversos, mas como o hábito perfeito e o imperfeito. Por isso, como o mesmo hábito, que antes foi imperfeito, pode ser feito perfeito, o mesmo hábito da fé informe depois se faz formado.

96. Cfr. BOAVENTURA, *Super Sent.*, III, d. 23, a. 2, q. 5.

Respostas aos argumentos

1. Respondo, dizendo que a graça não tem menor eficácia quando se infunde no fiel do que quando se infunde no infiel; mas isso se dá por acidente, que nesse que tem fé não causa outro hábito da fé, porque o mesmo se encontra ali, tal como a partir da doutrina de algum docente é instruído o ignorante, mas o que sabe não adquire um novo hábito, mas é fortificado na ciência que havia antes.

2. Respondo, dizendo que, ao advir a caridade, o temor servil não é mudado quanto à substância do dom, mas só quanto à servidão. E, assim, também a fé, ao advir a graça, é removida só quanto à informidade.

3. Respondo, dizendo que, ainda que o acidente não possa ser alterado, porém, o sujeito do acidente é alterado por outro acidente. E, assim, diz-se que aquele acidente varia, assim como o branco se faz maior ou menor, quando o sujeito é alterado segundo a brancura.

4. Respondo, dizendo que, ao advir a vida, não é necessário que seja removido o morto, mas a morte. E, assim, pela caridade não é removida a fé informe, mas a informidade.

5. Respondo, dizendo que, ainda que de dois acidentes não se faça um só, porém, um acidente pode ser aperfeiçoado por outro, assim como a cor, pela luz. E, assim, a fé é aperfeiçoada pela caridade.

6. Respondo, dizendo que a fé informe e a formada não se dizem diversas no gênero como se existissem em diversos gêneros, mas como o perfeito que alcança a razão de gênero, e o imperfeito que ainda não a alcança. Por isso, não é necessário que difiram numericamente, assim como não diferem o embrião e o animal.

7. Respondo, dizendo que crer por Deus, crer Deus ou crer em Deus não significam atos diversos, mas partes circunstanciais do mesmo ato da virtude. Com efeito, na fé há algo que em certo sentido se origina do conhecimento, enquanto a fé é prova. E, assim, quanto a esse princípio de argumentação, o ato de fé se diz crer *por* Deus, pois o que crê é movido a assentir porque é dito por Deus. Ora, quanto às conclusões às quais assente, diz-se crer Deus, pois a verdade primeira é objeto próprio da fé. Mas, quanto a isso que é da vontade, diz-se ato de fé crer *em* Deus. Contudo, não é perfeitamente o ato da virtude, a não ser que tenha todas essas circunstâncias.

8. Respondo, dizendo que a fé formada é removida pela fornicação e por todo outro pecado, exceto o da infidelidade, não quanto à substância do hábito, mas apenas quanto à forma.

Artigo 8

Oitavo, pergunta-se se o objeto próprio da fé é a verdade primeira[97]

E parece que não.

97. Outros lugares: *In III Sent.*, d. 24, a. 1, qc. 1; *De spe*, q. 4, a. 1; *STh.* II-II, q. 1, a. 1.

Argumentos

1. Com efeito, a fé é explicada no *Símbolo da fé.*[98] Ora, no *Símbolo da fé* se colocam muitas coisas que pertencem a muitas criaturas. Logo, não apenas a verdade primeira é objeto da fé.

2. Mas se poderia dizer que aquelas coisas postas no *Símbolo* que pertencem às criaturas se relacionam com a fé de modo acidental e secundário.– Mas, ao contrário, a consideração de uma ciência se estende por si até tudo aquilo ao que se estende a eficácia própria do meio do qual procede. Ora, o meio da fé é crer por Deus o que Ele disse, pois, porque pensa que algo foi dito por Deus, o fiel é movido a assentir. Contudo, deve-se crer por Deus não só acerca da verdade primeira, mas acerca de qualquer verdade. Logo, qualquer verdade é propriamente matéria e objeto da fé.

3. Além do mais, os atos se distinguem por seus objetos próprios. Ora, o ato de fé e a visão de Deus são atos diversos pela

98. O "Credo".

espécie. Logo, como a mesma verdade primeira é objeto da dita visão, não será objeto do ato da fé.

4. Além do mais, a verdade primeira se relaciona com a fé, tal como a luz com a vista. Contudo, a luz não é propriamente o objeto da vista, mas antes a cor em ato, como diz Ptolomeu.[99] Logo, nem a verdade primeira é por si objeto da fé.

5. Além do mais, a fé versa sobre as coisas complexas, pois só pode assentir a juízos como coisas verdadeiras. Ora, a verdade primeira é uma verdade não complexa. Logo, o objeto da fé não é a verdade primeira.

6. Além do mais, se por si o objeto da fé fosse a verdade primeira, nada que pertence puramente às criaturas pertenceria à fé. Ora, a ressurreição da carne pertence puramente à criatura e, porém, conta-se entre os artigos da fé. Logo, a verdade primeira não é por si e apenas o objeto da fé.

7. Além do mais, assim como o visível é o objeto da vista, assim o crível é objeto da fé. Ora, muitas outras coisas são críveis além da verdade primeira. Logo, a verdade primeira não é por si objeto da fé.

8. Além do mais, o conhecimento dos termos relativos é o mesmo, porque o conhecimento de um se encerra no conhecimento do outro.[100] Ora, o Criador e a criatura se dizem relativamente. Logo, qualquer hábito de conhecimento cujo objeto

---

99. PTOLOMEU, *Optica*, segundo a tradução de Amirato Eugênico Sículo (ed. G. Govi, 8).

100. ARISTÓTELES, *Categoriae*, c. 7, 8a35. ["Categorias", em *Órganon*, obra publicada em *Clássicos Edipro*. (N.E.)]

é o Criador dele também será objeto a criatura. E, assim, não pode ser que a verdade primeira seja unicamente o objeto da fé.

9. Além do mais, em qualquer conhecimento, aquilo ao qual somos conduzidos é o objeto, e aquilo pelo qual somos conduzidos para ele é o meio. Ora, na fé somos conduzidos a assentir a algumas verdades acerca de Deus e das criaturas, pela verdade primeira, enquanto que cremos que Deus é veraz. Logo, a verdade primeira não se encontra na fé como objeto de conhecimento, mas antes como meio.

10. Além do mais, assim como a caridade é uma virtude teológica, assim também a fé. Ora, a caridade não só tem por objeto a Deus, mas também ao próximo. Por isso, também, os dois preceitos da caridade se dão com relação ao amor de Deus e ao próximo. Logo, também a fé tem por objeto não só a verdade primeira, mas também a verdade criada.

11. Além do mais, diz Agostinho[101] que na pátria celeste veremos as coisas mesmas, mas aqui percebemos as imagens das coisas. Ora, a visão da fé pertence ao estado de via. Portanto, a visão da fé se dá por imagens. Ora, as imagens pelas quais o nosso intelecto vê são as coisas criadas. Logo, o objeto da fé é a verdade criada.

12. Além do mais, a fé é meio entre a ciência e a opinião, como é claro pela definição de Hugo de São Vítor.[102] Ora, a ciência e a opinião são sobre o complexo. Logo, também a fé. E, assim, não pode ser seu objeto a verdade primeira, que é simples.

13. Além do mais, o princípio da fé parece ser a revelação profética, pela qual as coisas divinas nos são anunciadas. Ora, o

101. A partir da *Glosa* de PEDRO LOMBARDO sobre I Cor 13, 12: PL 191, 1662 D.
102. HUGO DE SÃO VÍTOR, *De sacramentis*, I, p. x, c. 2: PL 176, 330 C.

objeto da profecia não é a verdade primeira, antes, pelo contrário, as coisas criadas caem sob certa diferença de tempo. Logo, tampouco o objeto da fé é a verdade primeira.

14. Além do mais, a verdade contingente não é a verdade primeira. Ora, alguma verdade de fé é a verdade contingente. Com efeito, o que Cristo padeceu foi contingente, como dependendo isso de seu livre-arbítrio e, também, dos que o mataram; e, porém, acerca da paixão de Cristo há fé. Logo, a verdade primeira não é objeto próprio da fé.

15. Além do mais, a fé, falando propriamente, não é senão sobre as coisas complexas. Ora, em alguns artigos da fé a verdade primeira cai de modo incompleto, tal como quando dizemos que Deus padeceu ou morreu. Logo, ali não se trata a verdade primeira como objeto da fé.

16. Além do mais, a verdade primeira se compara à fé de dois modos, a saber, como o que dá testemunho, e como aquilo acerca do qual há fé. Ora, não se pode estabelecer como objeto da fé enquanto é dado o testemunho, pois, assim, está fora da essência da fé, e tampouco como acerca disso que há fé, porque assim quaisquer enunciáveis que se formassem sobre a verdade primeira seriam críveis, o que é claramente falso. Logo, a verdade primeira não é objeto próprio da fé.

Ao contrário

1. É o que diz Dionísio:[103] que *a fé* é *acerca da verdade que* é *simples e se encontra sempre do mesmo modo*. Ora, tal não é a não ser a verdade primeira; logo etc.

103. PSEUDO-DIONÍSIO, *De divinis nominibus*, VII, § 4: PG 3, 873 A.

2. Além do mais, a virtude teológica tem por fim e objeto o mesmo. Ora, o fim da fé é a verdade primeira, cuja visão aberta merece a fé. Logo, também seu objeto é a verdade primeira.

3. Além do mais, Isidoro[104] diz que o artigo é uma percepção da verdade divina. Ora, a fé está contida nos artigos. Logo, a verdade divina é objeto da fé.

4. Além do mais, assim como a caridade se ordena ao bem, assim também a fé se ordena à verdade. Ora, a caridade por si é objeto do Sumo bem, porque a caridade ama a Deus e ao próximo por Deus. Logo, também o objeto da fé é a verdade primeira.

Respondo

Respondo, dizendo que por si a verdade primeira é o objeto próprio da fé. O que pode ser entendido assim. Com efeito, nenhum hábito tem razão de virtude a não ser aquilo cujo ato sempre é bom, pois, de outro modo, não seria perfeição da potência. E porque o ato do intelecto é bom por considerar a verdade, é necessário que o hábito que há no intelecto não seja virtude, se não se vincular infalivelmente à verdade, razão pela qual a opinião não é virtude intelectual, mas sim a ciência e a inteligência, como se diz no livro VI da *Ética*.[105] O que essa virtude exige não pode ser possuído pela fé, por motivos óbvios, pois a fé considera as coisas que não se veem. Portanto, para que a fé tenha isso é necessário que adira a algum testemunho, no qual infalivelmente se encontre a verdade. Contudo, assim como todo ser criado, quanto é por si, é vão e defectível, a não ser que seja conserva-

104. Na edição Leonina, diz que a citação não foi encontrada e aponta outra referência: FELIPE, O CHANCELER, *Summa de bono* (ms. Vat. Lat. 7669 f. 85ra).

105. ARISTÓTELES, *Ethica Nicomachea*, VI, c. 3, 1139b16.

do a partir do ente incriado,[106] do mesmo modo também toda verdade criada é defectível, a não ser enquanto é dirigida pela verdade incriada. Por isso, por testemunho do homem ou do anjo, o assentir não conduziria infalivelmente à verdade, a não ser que nessas palavras se considerasse o testemunho de Deus. Daí é necessário que a fé, que se coloca como virtude, faça aderir ao intelecto do homem àquela verdade que consiste no conhecimento divino, transcendendo a verdade do próprio intelecto. E, assim, o fiel *se liberta da instável mudança do erro pela verdade simples que sempre se encontra do mesmo modo*, como diz Dionísio, no capítulo VII do *Sobre os nomes divinos.*[107] Contudo, a verdade do conhecimento divino se encontra desse modo, porque, primeiro e principalmente, é própria da mesma realidade, e das criaturas, de fato, de modo consequente, enquanto Deus, conhecendo a si mesmo, conhece todas as outras coisas. E, assim, a fé, que pelo assentimento une o homem ao conhecimento divino, tem o próprio Deus como objeto principal, e às outras coisas, como consequentemente unidas.

Respostas aos argumentos

1. Respondo, dizendo que todas aquelas coisas que se expõem no *Símbolo* como pertencentes às criaturas não são matéria de fé, a não ser segundo que se lhes acrescenta algo da verdade primeira, pois a mesma paixão não cai sob a fé, a não ser enquanto cremos que Deus padeceu; tampouco a ressurreição, a não ser enquanto cremos que esta foi realizada por virtude divina.

2. Respondo, dizendo que, ainda que o testemunho divino deva ser crido com relação a todas as coisas, porém, o testemu-

106. Cfr. AGOSTINHO, *De Gen. Ad litt.*, IV, c. 12: PL 34, 383; GREGÓRIO, *Moral.*, XVI, c. 37: PL 75, 1143 C.

107. PSEUDO-DIONÍSIO, *De divinis nominibus*, VII, § 4: PG 3, 873 A.

nho divino, assim como o conhecimento, é, primeiro e principalmente, acerca do mesmo e, consequentemente, acerca de outras coisas, como se diz em Jo 8,14: *embora eu dê testemunho de mim mesmo, meu testemunho é válido, porque sei de onde venho e para onde vou*. Por isso, também, a fé é principalmente acerca de Deus e, consequentemente, porém, de outras coisas.

3. Respondo, dizendo que a verdade primeira é o objeto da visão da pátria celeste na espécie que aparece, porém é da fé como da coisa que não aparece. Por isso, ainda que o objeto de ambos os atos seja o mesmo por sua realidade, não é, contudo, o mesmo por sua razão. E, assim, um diferente objeto faz formalmente uma diferente espécie de ato.

4. Respondo, dizendo que a luz, de certo modo, é objeto da visão e de certo modo não. Com efeito, enquanto a luz não é vista por nossos olhos, a não ser porque se une, por reflexo ou por outro modo, a algum corpo delimitado, diz-se que não é por si objeto da visão, mas antes a cor, que sempre está no corpo delimitado. No entanto, enquanto que nada pode ser visto, a não ser mediante a luz, diz-se que a luz é o primeiro visível, como diz o próprio Ptolomeu. E, assim, a verdade primeira é, por si, objeto da fé.

5. Respondo, dizendo que a coisa conhecida se diz que é objeto do conhecimento, na medida em que está fora do cognoscente, subsistindo em si mesma, ainda que não haja conhecimento dela, a não ser por isso que dela há no cognoscente, tal como a cor da pedra, que é objeto da visão, não é conhecida, a não ser por sua espécie no olho. Portanto, a verdade primeira, que é simples em si mesma, é objeto da fé, mas nosso intelecto a toma segundo o seu modo, por via da composição. E, assim, porque assente à composição feita como a verdade, tende à verdade primeira como a seu objeto. E, assim, nada impede que o objeto da fé seja a verdade primeira, ainda que seja sobre coisas complexas.

6. Respondo, dizendo que a ressurreição da carne e outras coisas semelhantes pertencem também à verdade primeira, enquanto são realizadas por poder divino.

7. Respondo, dizendo que todas as coisas críveis, por isso que são testemunhadas por Deus, pertencem principalmente à verdade primeira e secundariamente às coisas criadas, como é claro no corpo do artigo pelo dito. De fato, outras coisas críveis não são objeto de fé, do qual agora falamos.

8. Respondo, dizendo que o Criador não é objeto da fé sob a razão de Criador, mas como verdade primeira. Por isso, não é necessário que a criatura seja propriamente objeto da fé, pois não há um mesmo conhecimento do senhor e do servo, de modo que qualquer um que conheça algo sobre o senhor conheça algo do servo.

9. Respondo, dizendo que, ainda que pela verdade primeira sejamos conduzidos às criaturas, porém, principalmente somos conduzidos por ela a ela mesma, porque ela mesma principalmente dá testemunho de si mesma. Por isso, a verdade primeira se encontra na fé, tanto como meio, quanto como objeto.

10. Respondo, dizendo que a caridade para com o próximo não ama senão a Deus. Por isso, disso não se segue que o objeto da caridade seja alguma outra coisa do que o Sumo bem.

11. Respondo, dizendo que as imagens, pelas quais a fé intui algo, não são objeto da fé, mas aquilo pelo qual a fé tende a seu objeto.

12. Respondo, dizendo que, ainda que a fé seja sobre o complexo quanto a isso que está em nós, porém, quanto a isso no qual pela fé somos conduzidos como no objeto, é sobre a verdade simples.

13. Respondo, dizendo que, ainda que a profecia tenha por matéria as coisas criadas e temporais, porém, tem por fim a realidade incriada. Com efeito, todas as revelações proféticas, inclusive aquelas que se realizam a partir das coisas criadas, ordenam-se de modo que Deus seja conhecido por nós. E, por isso, a profecia induz à fé como ao fim, mas não é necessário que seja o mesmo o objeto ou a matéria da profecia ou o da fé. De fato, mesmo assim, às vezes, a fé e a profecia tratam do mesmo, não porém segundo o mesmo modo; tal como acerca da paixão de Cristo havia tido profecia dos antigos e fé, mas profecia quanto a isso que ela está no temporal, e fé quanto a isso que ela está no eterno.

14. Respondo, dizendo que sobre a paixão não há fé, a não ser segundo que está unida à verdade eterna, enquanto que a paixão é considerada acerca de Deus. A própria paixão, ainda que em si mesma considerada seja contingente, porém, segundo que está sob a divina presciência, enquanto sobre ela há fé e profecia, contém verdade imóvel.

15. Respondo, dizendo que o sujeito se encontra com relação a toda a proposição como sua matéria. Por isso, ainda que em tais proposições, como quando dizemos "Deus padeceu", unicamente o sujeito denomina algo incriado, toda a proposição, porém, diz-se que se trata sobre a realidade incriada, assim como sua matéria. E, assim, não se remove que a fé tenha a verdade primeira por objeto.

16. Respondo, dizendo que, portanto, a verdade primeira se diz que é o objeto da fé, porque a fé é sobre ela. Porém, tampouco é necessário que qualquer enunciável formado acerca de Deus seja crível, mas só aquele do qual a verdade divina dá testemunho; assim como também o corpo móvel é sujeito da filosofia natural, porém, nem todos os enunciáveis que possam se formar acerca do corpo móvel são conhecíveis, mas somente aqueles que são manifestos a partir dos princípios da filosofia natural. Contudo, o mesmo testemunho da verdade primeira se encontra na fé, como o princípio nas ciências demonstrativas.

Artigo 9

Nono, pergunta-se se pode haver fé sobre as coisas sabidas[108]

E parece que sim.

108. Outros lugares: *In III Sent.*, d. 24, a. 2, qc. 1 et 2; *Super Hebr.,* cap. 11, l. 1; *STh.* II-II, q. 1, a. 4 e 5.

Argumentos

1. Com efeito, cada coisa que pode ser conhecida é necessário que a razão possa prová-la. Ora, segundo Ricardo de São Vítor,[109] *em todas as coisas que se deve crer não falta uma razão não só provável, mas também necessária*. Logo, pode haver ciência das coisas cridas.

2. Além do mais, a luz da graça divinamente infusa é mais eficaz do que a luz da natureza. Ora, as coisas que são manifestas a nós pela luz natural são sabidas ou entendidas por nós, e não são cridas. Logo, também as coisas que se nos dão a conhecer pela luz da fé, divinamente infusas, são sabidas por nós, não só cridas.

3. Além do mais, o testemunho de Deus é mais certo e eficaz do que o do homem, por muito que este saiba. Ora, ocorre

109. RICARDO DE SÃO VÍTOR, *De Trinitate*, I, c. 4: PL 196, 892 C.

que esse testemunho, que procede da suposição de algo dito pelo que sabe, implica ciência, assim como se manifesta nas ciências subalternas, que supõem seus princípios a partir das ciências superiores. Logo, de modo muito mais forte se encontra a ciência das coisas, que são próprias da fé, como são supostas a partir do testemunho divino.

4. Além do mais, sempre que o intelecto é obrigado por necessidade a assentir, ele tem ciência das coisas às quais assente, pois o processo a partir das coisas necessárias produz a ciência. Ora, alguém que crê assente por necessidade às coisas que são próprias da fé, pois se diz em Tg 2,19: *os demônios creem, mas estremecem*, porque não pode ser realizado por sua vontade, como a vontade deles não pode ser louvável e, assim, resta que assentem por necessidade às coisas que são próprias da fé. Logo, pode haver ciência das coisas que são próprias da fé.

5. Além do mais, as coisas que são naturalmente conhecidas são sabidas, ou mais certamente conhecidas do que sabidas.[110] Ora, o conhecimento de Deus está naturalmente em todos, como diz Damasceno.[111] Contudo, a fé está para o conhecer. Logo, as coisas que são próprias da fé podem ser sabidas.

6. Além do mais, a opinião dista mais da ciência do que a fé. Ora, pode haver ciência e opinião[112] sobre o mesmo, como se alguém soubesse uma e a mesma conclusão não só por silogismo

110. Na edição italiana, essa passagem acrescenta: *cioè per evidenza immediata* (p. 513); isto é, as que se conhecem por evidência imediata são conhecidas com maior certeza do que as que se conhecem por evidência mediata ou ciência.

111. JOÃO DAMASCENO, *De fide*, I, c. 1: PG 94, 789 B.

112. Cfr. ARISTÓTELES, *Anal. post.* I, c. 44, 89a25.

demonstrativo, mas também por silogismo dialético.[113] Logo, também pode haver ciência e fé sobre o mesmo.

7. Além do mais, que Cristo tenha sido concebido é artigo de fé. Ora, a Virgem santa soube disso por experiência.[114] Logo, o mesmo pode ser sabido e crido simultaneamente.

8. Além do mais, que Deus é uno se expõe entre as coisas críveis. Ora, isso se prova demonstrativamente pelos filósofos. E, assim, pode ser sabido. Logo, pode haver fé e ciência sobre o mesmo.

9. Além do mais, que Deus existe é algo crível. Contudo, não cremos nisso, por ser aceito por Deus, porque ninguém pode considerar que algo seja aceito por Deus, a não ser que antes estime que Deus exista. E, assim, a estimativa pela qual alguém estima que Deus existe precede a estimativa pela qual pensa que algo é aceito por Deus, e não pode ser causada por ela. Ora, para crer nas coisas que ignoramos somos conduzidos a elas, que cremos que isso é agradável a Deus. Logo, que Deus existe é crido e sabido.

Ao contrário

1. A matéria ou objeto principal da fé é a verdade primeira. Ora, da verdade primeira, isto é, de Deus, não pode haver ciência do homem, como se vê por Dionísio no capítulo I do *Sobre os nomes divinos*.[115] Logo, não pode haver fé e ciência sobre o mesmo.

---

113. Cfr. PEDRO HISPANO, *Summulae logicales*, tr. 7, n. 1, e ARISTÓTELES, *De soph. Elench.* c. 2, 165a38.

114. ALBERTO MAGNO, *Super Sent.* III, c. 24, a. 9, a. 6, que traz o mesmo exemplo.

115. PSEUDO-DIONÍSIO, *De divinis nominibus*, I, § 1: PG 3, 588 A.

2. Além do mais, a ciência se aperfeiçoa pela razão. Contudo, a razão esvazia o poder da fé: *pois a fé não tem mérito para o que a razão humana toma do experimento.*[116] Logo, a fé e a ciência não concorrem ao mesmo.

3. Além do mais, em I Cor 13,10 se diz: *mas, quando vier a perfeição, o que é limitado desaparecerá.* Ora, o conhecimento da fé é por parte, isto é, imperfeito;[117] porém o conhecimento da ciência é perfeito. Logo, a ciência esvazia a fé.

Respondo

Respondo, dizendo que segundo Agostinho no livro *Sobre a visão de Deus*,[118] *são cridas aquelas coisas que estão ausentes dos nossos sentidos, se parece idôneo o testemunho que é dado delas; porém, veem-se aquelas que estão presentes já aos sentidos da alma ou do corpo.* De fato, essa diferença é certamente evidente nas coisas que estão presentes aos sentidos do corpo, nas quais é manifesto o que já está presente aos sentidos e o que já não está. Ora, nos sentidos da alma é mais difícil de entender o que se diz presente e o que está oculto. Porém, dizem que estão presentes aquelas coisas que não excedem sua capacidade, nas quais permanece fixa a consideração do intelecto, pois a tais coisas assente não por causa do testemunho de outro, mas por causa do testemunho do próprio intelecto. Mas dizem que aquelas coisas que excedem à faculdade do intelecto estão ausentes dos sentidos da alma, por isso o intelecto não pode fixar-se nelas, pelo qual não podemos assentir a elas por causa do próprio testemunho,

116. GREGÓRIO, *In Evang. II hom.* 26: PL 76, 1197.

117. Glosa de PEDRO LOMBARDO: PL 191, 1661 D.

118. AGOSTINHO, *Epist.* 147, c. 2: PL 33, 599.

mas por causa do testemunho de outro. E essas se dizem propriamente que são cridas.

Por isso, o objeto da fé propriamente é o que está ausente do intelecto. Com efeito, são cridas as coisas ausentes, mas se veem as coisas presentes, como diz Agostinho[119] no mesmo livro, ou também a coisa que não aparece, isto é, a coisa não vista, porque se diz em Hb 11,1: *a fé é a prova do que não se vê.* Contudo, sempre que seja deficiente a razão do próprio objeto, é necessário que também falhe o ato. Por isso, tanto pronto começa algo a estar presente ou aparece, não pode permanecer como objeto do ato da fé. No entanto, quaisquer coisas sabidas com ciência, tomada propriamente, conhecem-se por resolução nos primeiros princípios, os quais estão por si mesmos presentes ao intelecto. E, assim, toda ciência se aperfeiçoa na visão da coisa presente. Por isso, é impossível que haja fé e ciência sobre o mesmo.

Contudo, deve-se saber que algo é crível de dois modos. De um, absolutamente, a saber, porque excede à faculdade do intelecto de todos os homens que existem no estado de viador, como por exemplo, que Deus é uno e trino, e coisas semelhantes. E, dessas coisas, é impossível que a ciência seja possuída por algum homem, pois, antes, qualquer fiel assente às coisas desse tipo por causa do testemunho de Deus, para o qual essas coisas estão presentes e são conhecidas. Mas há coisas críveis não absolutamente, com relação a alguém, porque, de fato, não excede à faculdade de todos os homens, mas apenas a de alguns; tal como aquelas coisas que podem ser sabidas demonstrativamente acerca de Deus, como Deus existe, ou que Deus é uno e incorpóreo ou coisas semelhantes. E, dessas, nada impede que sejam sabidas por alguns, os quais possuem demonstrações dessas coisas, e cridas por outros, os que não aprenderam as demonstrações dessas coisas. Mas é impossível que sejam sabidas e cridas pelo mesmo.

119. AGOSTINHO, *Epist.* 147, c. 2: PL 33, 599.

Respostas aos argumentos

1. Respondo, dizendo que tudo o que é necessário crer, ainda que não seja por si evidente, tem uma razão não só provável, mas necessária, *ainda que acontece que esse se oculte a nossa prudência*, como acrescenta ali mesmo Ricardo. Por isso, as razões das coisas críveis são para nós desconhecidas, mas conhecidas para Deus e para os beatos, que não têm a fé dessas coisas, mas a visão.

2. Respondo, dizendo que, ainda que a luz divinamente infusa seja mais eficaz do que a luz natural, porém, não é participada por nós nesse estado de modo perfeito, mas de modo imperfeito. E, por isso, por sua participação imperfeita, acontece que somos levados por aquela luz infusa na visão daquilo cujo conhecimento se dá, mas isso será na pátria celeste, quando participaremos perfeitamente daquela luz de onde veremos a luz na luz de Deus.

3. Respondo, dizendo que aquele que tem ciência subalterna não alcança a razão do que se deve saber, a não ser enquanto seu conhecimento é continuado, de certo modo, com o conhecimento do que tem a ciência superior. Contudo, não se diz que o inferior que sabe tem ciência das coisas que supõe, mas das conclusões que se concluem por necessidade, a partir dos princípios supostos. E, assim, também pode se dizer que o fiel tenha ciência das coisas que se concluem, a partir dos artigos da fé.

4. Respondo, dizendo que os demônios não assentem com a vontade às coisas que são ditas que creem, mas são obrigados pela evidência dos sinais, a partir dos quais se convencem de que é verdadeiro o que os fiéis creem; ainda que aqueles sinais não façam aparecer o que se crê, podendo se dizer, por isso, que têm a visão das coisas que são cridas, pela qual também o crer se diz de modo equívoco dos homens fiéis e dos demônios, tampouco há neles fé por alguma luz infusa da graça, assim como há nos fiéis.

5. Respondo, dizendo que não há fé sobre Deus quanto àquilo que é conhecido naturalmente sobre Deus, mas quanto àquilo que excede ao conhecimento natural.

6. Respondo, dizendo que não parece ser possível que alguém tenha simultaneamente ciência e opinião acerca do mesmo, porque a opinião é com temor de outra parte, temor tal que a ciência exclui. E, de modo semelhante, não é possível que haja a fé e ciência do mesmo.

7. Respondo, dizendo que a Virgem santa podia, de fato, saber que o filho não havia sido concebido desde uma união com um homem, porém, não pode saber por qual virtude aquela concepção tinha sido realizada, mas acreditou no que o anjo disse: *o Espírito Santo virá sobre ti*[120] etc.

8. Respondo, dizendo que, que Deus seja uno, na medida em que está demonstrado, não se expõe como artigo de fé, mas é pressuposto com relação aos artigos, pois o conhecimento da fé pressupõe o conhecimento natural, assim como a graça com a natureza. Ora, a unidade da essência divina, tal qual é posta pelos fiéis, a saber, com a onipotência e a providência de todas as coisas e com outras características desse tipo, as quais não podem ser provadas, constitui um artigo.

---

120. Lc 1,35.

9. Respondo, dizendo que alguém pode começar a crer naquilo que antes não cria, mas que muito debilmente estimava. Por isso, é possível que alguém, antes de crer que Deus é, tenha estimado que Deus é, e que isso lhe pareça bem e, por isso, se incline a crer que Deus é. E, assim, alguém pode crer que Deus existe porque isso é agradável a Deus, ainda que tampouco seja um artigo, mas um antecedente do artigo, porque se prova demonstrativamente.

Artigo 10

Décimo, pergunta-se se é necessário que o homem tenha fé[121]

E parece que não.

121. Outros lugares: *In III Sent.*, d. 24, a. 3, qc. 1; *Super Boet. De Trin.,* q. 3, a. 1; *CG.* I, c. 4 e 5; *STh.* II-II, q. 2, a. 3 e 4; *In Symbol. Apost.,* pr.

Argumentos

1. Com efeito, diz-se em Dt 32,4: *a sua obra* [de Deus] é *perfeita*. Ora, não há algo perfeito a não ser que se lhe providencie as coisas que lhe são necessárias para conseguir o fim próprio. Portanto, cada coisa, por condição de sua natureza, foi provida do suficiente para conseguir o fim último. Ora, as coisas que são próprias da fé estão sobre o conhecimento que compete ao homem por condição natural. Logo, a fé, pela qual se recebem ou se conhecem essas coisas, não é necessária para que o homem consiga seu fim.

2. Mas se poderia dizer que por sua condição natural o homem foi provido das coisas necessárias para o fim natural, que é uma felicidade desta via, que é exposta pelos filósofos, porém, não para conseguir o fim sobrenatural, que é a beatitude eterna. – Mas, ao contrário, o homem, por natureza de sua condição, foi feito para isto, ser partícipe da felicidade eterna, pois, para isso, Deus instituiu a natureza racional capaz d'Ele, como se encontra no livro II das *Sentenças*.[122] Logo, na mesma natureza do homem foram introduzidos os princípios pelos quais pudesse conseguir o mesmo fim.

3. Além do mais, assim como para conseguir o fim é necessário o conhecimento, assim também ocorre com a operação. Ora, para conseguir o fim sobrenatural não se nos dão hábitos de virtudes que ordenam a outras operações nas quais somos ordenados pela razão natural, mas para realizar as mesmas operações de um modo mais perfeito, pois a castidade infusa e a adquirida parecem que têm o mesmo ato, a saber, refrear os deleites venéreos. Logo, para conseguir o fim sobrenatural, tampouco é necessário ser infundido em nós algum hábito cognitivo ordenado para conhecer outras coisas que podemos conhecer naturalmente, mas para conhecê-las de modo mais perfeito. E, assim, parece que ter fé nas coisas que não aparecem à razão não é necessário para que se consiga a salvação.

4. Além do mais, a potência não tem necessidade de hábito para se dirigir ao que naturalmente se determina, tal como é manifesto a partir das potências irracionais, que sem o hábito médio levam ao término suas operações, portanto, para que o homem seja mais perfeito, parece que o conhecimento natural lhe é suficiente para conhecer Deus. Logo, não tem necessidade do hábito da fé para conduzir-se ao conhecimento de Deus.

5. Além do mais, mais perfeito é o que por si mesmo pode conseguir o fim do que o que não pode por si mesmo. Ora, os outros animais podem conseguir seus fins a partir dos princípios naturais. Por isso, como o homem é mais perfeito, parece que o conhecimento natural lhe seja suficiente para conseguir seu fim. E, assim, não tem necessidade da fé.

---

122. PEDRO LOMBARDO, *Sententiarum*, II, d. 1.

6. Além do mais, aquilo que se reputa no vício não parece ser necessário para a salvação. Ora, que alguém seja crédulo se reputa no vício. Por isso, se diz em Eclo 19,4: *o que confia rapidamente é um coração leviano*. Logo, crer não é necessário para a salvação.

7. Além do mais, como Deus é sumamente o que se deve crer, devemos crer mais pelo que melhor consta que Deus falou. Ora, mais consta que Deus fala pelo instinto natural da razão do que por algum profeta ou apóstolo como, por exemplo, é certíssimo que Deus é o autor de toda natureza. Portanto, mais devemos aderir às coisas que diga a razão do que as que são predicadas pelos apóstolos ou profetas, das quais há fé. Portanto, como essas coisas, às vezes, dissonam pelas coisas que a razão natural dita, como quando dizem que Deus é trino e uno, ou que uma virgem concebeu, e outras coisas similares, parece não ser conveniente ter fé nelas.

8. Além do mais, aquilo que é esvaziado quando chega outro, não parece por isso ser necessário, pois não é esvaziado a não ser que tenha alguma oposição a outro, porém o oposto não induz a seu oposto, mas antes o expulsa. Ora, a fé é esvaziada pela glória que advém.[123] Logo, não é necessária para que se consiga a glória.

9. Além do mais, nada tem necessidade daquilo que o destrói para conseguir seu fim. Ora, a fé destrói a razão, pois, como diz Gregório:[124] *a fé não tem mérito para o que a razão humana toma do experimento*. Logo, a razão não tem necessidade da fé para conseguir seu fim.

---

123. Cfr. Glosa de PEDRO LOMBARDO sobre a I Cor 13,10: PL 191, 1662 D.

124. GREGÓRIO, *In Evang. II hom.* 26: PL 76, 1197.

10. Além do mais, o herege não tem o hábito da fé. Ora, acontece que o herege crê em algumas verdades que estão acima da faculdade da razão como, por exemplo, crê que o Filho de Deus tenha se encarnado, ainda que não creia que Ele tenha padecido. Logo, não é necessário o hábito da fé para conhecer as coisas que estão acima da razão.

11. Além do mais, quando algo é confirmado por muitos meios, se algum daqueles não tem firmeza, toda a confirmação carece de eficácia, como é claro nas deduções dos silogismos, nas quais existindo uma, das muitas proposições, falsa ou duvidosa, a prova é ineficaz. Ora, as coisas que são próprias da fé chegaram até nós por muitos meios. Com efeito, foram ditas por Deus aos apóstolos ou profetas, pelos seus sucessores e, sucessivamente, por outros. E, assim, vieram por meios diversos até nós. Contudo, não é certo que em todos esses meios há uma verdade infalível, porque, sendo homens, puderam não só se enganar, mas também enganar. Logo, nenhuma certeza podemos ter das coisas que são da fé. E, assim, parece estúpido assentir a essas coisas.

12. Além do mais, aquilo que diminui o mérito para a vida eterna não parece necessário para conseguir a vida eterna. Ora, considerando a dificuldade para o mérito, o hábito que facilita a ação diminui o mérito. Logo, o hábito da fé não é necessário para a salvação.

13. Além do mais, as potências racionais são mais nobres do que as naturais. Ora, as naturais não têm necessidade de hábitos para seus atos. Logo, nem o intelecto tem necessidade do hábito da fé para seus atos.

Ao contrário

1. É o que se diz em Hb 11,6: *sem a fé* é *impossível ser-lhe agradável.*

2. Além do mais, aquilo que é necessário para a salvação, se não for possuído, o homem se condena. Ora, a fé é desse tipo, como se diz em Mc 16,16: *o que não crer será condenado*. Logo, a fé é necessária para a salvação.

3. Além do mais, a vida mais elevada tem necessidade do conhecimento. Ora, a vida da graça é mais elevada do que a vida da natureza. Logo, tem necessidade de algum conhecimento sobrenatural, que é o conhecimento da fé.

Respondo

Respondo, dizendo que ter fé nas coisas que estão acima da razão é necessário para conseguir a vida eterna. O que pode ser entendido assim. Com efeito, não ocorre que algo seja conduzido do imperfeito ao perfeito, a não ser pela ação de alguma coisa perfeita. Nem tampouco a ação do perfeito é recebida imediatamente pelo imperfeito na forma perfeita desde o princípio, mas primeiramente vai de um modo mais imperfeito a um mais perfeito e, assim, até que chegue à perfeição. E isso, de fato, é manifesto em todas as coisas naturais, que conseguem a perfeição por sucessão do tempo. E, de modo semelhante, também vemos que ocorre nas operações humanas e, principalmente, nos ensinamentos. Com efeito, no princípio o homem é imperfeito no conhecimento. Contudo, para que se consiga a perfeição da ciência, é necessário que alguém o instrua, que o conduza à perfeição da ciência, o que não poderia ser feito a não ser que ele tivesse de modo perfeito a ciência, de maneira que compreendesse as noções que fundamentam a ciência. Mas no início do ensino da ciência não se transmite imediatamente ao principiante todas as noções da ciência, pois, se fosse assim, o principiante já teria desde o início a ciência perfeita; por isso, no início, quando é instruído, ensina-se a ele apenas algumas noções, aquelas que o principiante ainda não sabe, mas, depois, saberá quando progredir na ciência. E, por isso, diz-se que é necessário que o que aprende creia algo, e não poderia chegar de outra maneira à ciência perfeita, a não ser, a saber, se supusesse as coisas que lhe são ensinadas no princípio, cujas razões não pode capturar naquele momento. No entanto, a última perfeição, a qual o homem se ordena, consiste no perfeito conhecimento, ao qual não pode chegar a não ser pela operação e como por instrução divina, que se conhece perfeitamente. Contudo, o homem não é capaz desse perfeito conhecimento imediato desde o princípio. Por isso, é necessário que receba pela via do crer algumas coisas que o conduzem para chegar ao conhecimento perfeito. Algumas dessas coisas são tais que não podem possuir um conhecimento perfeito sobre elas nesta vida, pois excedem totalmente o poder da razão humana. E é necessário que creiamos, enquanto estamos nesta vida, ainda que as vejamos perfeitamente no estado da pátria celeste. Há outras, porém, as quais podemos chegar a conhecer perfeitamente nesta vida, como aquelas que podem ser provadas demonstrativamente sobre Deus, nas quais, porém, é necessário crer no princípio por causa de cinco razões que expõe Maimônides.[125] Destas, a primeira é a profundidade e a sutileza desses cognoscíveis, que estão muitos afastados dos sentidos, por isso o homem não é idôneo para conhecê-las perfeitamente no princípio. A segunda causa é a debilidade do intelecto humano em seu princípio. A terceira é a multiplicidade de coisas que são pressupostas para a demonstração daquelas que o

125. MAIMÔNIDES, *Doctor perplexorum*. I, c. 33. [Ed. Johanne Buxtorfio. Basileae: Sumptibus & impressis Ludovici Konig, 1629].

homem não pode aprender bem, a não ser em um longuíssimo tempo. A quarta é a indisposição para o saber, que reside em alguns por causa do defeito da compleição. A quinta é a necessidade das ocupações para prover as coisas necessárias para a vida.

Por todas essas razões, é evidente que, se fosse necessário aprender por demonstração apenas tudo aquilo que é necessário conhecer sobre Deus, pouquíssimos poderiam chegar a isso, e ainda esses não chegariam senão depois de um longo tempo. Por isso, é manifesto que saudavelmente foi provida aos homens desta vida a fé, pela qual se manifesta uma fácil ajuda para a salvação, para todos e em qualquer tempo.

Respostas aos argumentos

1. Respondo, dizendo que o homem está perfeitamente provido por sua natureza, enquanto se refere à consecução do fim que é proporcionado à sua natureza, os princípios se dão suficientes para que sejam a causa daquele fim. Contudo, para o fim que excede o poder da natureza, dão-se os princípios, os quais não são causas do fim, mas pelos quais o homem é capaz das coisas para se alcançar o fim, pois, como diz Agostinho,[126] *o poder ter fé e caridade é próprio dos homens por natureza, porém, tê-las é próprio dos fiéis pela graça.*

2. Respondo, dizendo que a natureza humana está ordenada à beatitude desde o momento mesmo de sua instituição, não como a um fim devido segundo sua natureza, mas apenas pela liberalidade divina. E, por isso, não é necessário que os princípios da natureza sejam suficientes para conseguir aquele fim, a não ser que tenham sido ajudados pelos dons acrescentados pela divina liberalidade.

126. AGOSTINHO, *De praedest. sanct.* c. 5: PL 44, 968.

3. Respondo, dizendo que aquele que dista do fim pode ter o conhecimento do fim e o afeto; e não pode, porém, operar acerca do fim, mas só acerca das coisas que são para o fim. E, por isso, para chegar ao fim sobrenatural, no estado desta vida, teremos necessidade da fé, pela qual conhecemos o fim mesmo, que o conhecimento natural não alcança. Mas a virtude natural alcança as coisas que valem para o fim, não, porém, enquanto estão ordenadas àquele fim. E, por isso, teremos necessidade dos hábitos infusos não para fazer outras coisas do que as que a razão natural dita, mas para realizar as mesmas de modo mais perfeito. Contudo, não é assim por parte do conhecimento, pelo motivo já dito.

4. Respondo, dizendo que o intelecto não se determina naturalmente para as coisas que são próprias da fé, como se as conhecesse naturalmente; mas que, de certo modo, naturalmente se ordena para conhecê-las, assim como se diz que a natureza está ordenada à graça, a partir da instituição divina. Então, isso não remove que tenhamos necessidade do hábito da fé.

5. Respondo, dizendo que o homem é mais perfeito do que os outros animais, e, porém, não foram determinadas pela natureza mesma, assim como nos outros animais,[127] as coisas que são necessárias para conseguir o fim, por duas razões. Primeira, porque o homem se ordena a um fim mais alto, e, por isso, ainda que tenha necessidade de muitos auxílios para consegui-lo e não lhe bastem os princípios naturais, contudo, será mais perfeito. Segunda, porque é próprio da perfeição no homem o fato de que pode ter múltiplas vias para conseguir seu fim. Por isso, não seria determinada uma vida natural, assim como com relação aos outros animais; mas, no lugar de todas as coisas que a natureza

127. ARISTÓTELES, *De part. Animal*, IV, c. 10, 686a25 ss; AVICENA, *De anima*, V, c. 1, fol. 22rb [Venetiis, 1508].

provê aos outros animais, ao homem foi dada a razão, pela qual não só pode se preparar para as coisas necessárias desta vida, mas também se dispor a receber da parte de Deus os auxílios da vida futura.

6. Respondo, dizendo que ser crédulo significa estar no vício, porque designa a superfluidade no crer, assim como ser bêbado a superfluidade no beber. Contudo, aquele que crê em Deus não excede a medida no crer, porque n'Ele não se pode crer excessivamente. Por isso, o argumento não procede.

7. Respondo, dizendo que nunca se diz divinamente algo pelos apóstolos e profetas que seja contrário às coisas que a razão natural dita. Porém se dizem coisas que excedem à compreensão da razão, e, portanto, parece que repugnam à razão, ainda que não repugnem como, por exemplo, também parece repugnante à razão do rústico que o Sol seja maior que a terra e que o diâmetro seja assimétrico à circunferência, coisas que, porém, parecem razoáveis ao que sabe.

8. Respondo, dizendo que a fé é esvaziada na glória por causa do que há de imperfeição na fé. E, de acordo com isso, tem certa oposição à perfeição da glória. Mas, quanto a isso que é de conhecimento na fé, é necessário para a salvação. Não é inconveniente, pois, que algumas coisas imperfeitas, que se ordenem à perfeição do fim, cessem quando o fim chega, assim como o movimento cessa quando chega quietude, que é seu fim.

9. Respondo, dizendo que a fé não destrói a razão, mas que a excede e aperfeiçoa, como foi dito.

10. Respondo, dizendo que o herege não tem o hábito da fé, ainda que descreia em um só artigo, pois os hábitos infusos são removidos por um único ato contrário. Contudo, o hábito da fé tem esta eficácia, que pelo mesmo intelecto do fiel seja detido para que não assinta a coisas contrárias à fé como, por exemplo, também a castidade refreia algumas coisas contrárias à castidade. Contudo, que o herege creia em algumas coisas que estão sobre o conhecimento natural, não é por algum hábito infuso, porque aquele hábito o dirigiria igualmente a todo o crível, mas que é por uma estimativa humana, assim como também os pagãos creem em algumas coisas acerca de Deus, que estão acima da natureza.

11. Respondo, dizendo que todos os meios pelos quais nos chega a fé carecem de suspeita. Com efeito, cremos nos profetas e nos apóstolos porque Deus lhes deu testemunho fazendo milagres, como se diz ao final de Mc 16,20: *confirmando a Palavra por meio dos sinais que a acompanhavam*. Contudo, nos sucessores dos apóstolos e dos profetas não cremos, a não ser enquanto nos anunciam as coisas que aqueles deixaram nos escritos.

12. Respondo, dizendo que é dupla a dificuldade: uma, pela mesma condição da obra, e tal dificuldade se opera para o mérito; a outra, é pela indisposição ou lentidão da vontade, e tal diminui mais o mérito; e esta tira o hábito, e não a primeira.

13. Respondo, dizendo que as potências naturais estão determinadas a uma coisa e não têm necessidade de um hábito que as determine como as potências racionais, que são relativas aos opostos.

Artigo 11

Décimo primeiro, pergunta-se se é necessário crer de modo explícito[128]

E parece que não.

128. Outros lugares: *In I Sent.*, d. 33, a. 5 e III, d. 25, q. 2, a. 1, qc. 1 e 2; *Super Hebr.*, cap. 11, l. 2; *STh.* II-II, q. 2, a. 5-8.

Argumentos

1. Com efeito, não se deve estabelecer aquilo que uma vez posto se segue inconveniente. Ora, se estabelecemos que seja necessário para a salvação que se creia uma coisa de modo explícito, segue-se uma inconveniência. Com efeito, é possível que alguém seja alimentado nas selvas ou inclusive entre lobos, e tal não possa conhecer de modo explícito acerca da fé. E, assim, um homem terá que se condenar necessariamente, o que é uma inconveniência. E, assim, não parece que seja necessário crer em algo de modo explícito.

2. Além do mais, não estamos obrigados àquilo que não está em nosso poder. Ora, para que creiamos de modo explícito em algo, temos necessidade de ter ouvido antes ou depois, pois *a fé vem do ouvido*,[129] como se diz em Rm 10,17. E ouvir não

129. Neste caso, não utilizamos a tradução da Bíblia de Jerusalém. Optamos por traduzir conforme o texto latino usado por Tomás, para melhor compreensão do seu argumento.

está no poder de alguém, a não ser que lhe fale. E, assim, não é da necessidade de salvação que algo seja crido de modo explícito.

3. Além do mais, aquelas coisas que são muito sutis não devem ser entregues aos rudes. Ora, não há coisas que são mais sutis e mais elevadas do que essas que excedem a razão, como são os artigos da fé. Logo, tais coisas não devem ser ensinadas ao povo. E, assim, nem todos, ao menos, estão obrigados a crer em algo de modo explícito.

4. Além do mais, o homem não está obrigado a conhecer aquilo que até os anjos não sabem. Ora, os anjos, antes da Encarnação, ignoravam o mistério da Encarnação, como parece dizer Jerônimo.[130] Logo, nem sequer, então, os homens estão obrigados a saber algo acerca do Redentor ou crer nisso de modo explícito.

5. Além do mais, muitos gentis foram salvos antes da vinda de Cristo, como diz Dionísio no capítulo IX da obra *A hierarquia celeste.*[131] Ora, não podiam conhecer algo de modo explícito acerca do Redentor, como não tinham chegado até eles os profetas. Logo, não parece necessário para a salvação crer de modo explícito nos artigos acerca do Redentor.

6. Além do mais, entre os artigos acerca do Redentor, há um sobre a descida aos infernos. Ora, segundo Gregório,[132] João duvidou desse artigo quando perguntou: és *tu aquele que há de vir ou devemos esperar um outro?*, em Mt 11,3. Portanto, como ele mesmo foi um dos maiores, porque nenhum foi maior entre

130. JERÔNIMO, *Comm. In Epist. Ad Eph.* 3, 10: PL 26, 514 C-D.

131. PSEUDO-DIONÍSIO, *De Caelestis hierarchiae*, IX, § 3: PG 3, 261 A.

132. GREGÓRIO, *In Ez. I hom.* 1: PL 76, 778 D; *In Evang. I hom.* 6: PL 76, 1095 D-1096 A; PEDRO LOMBARDO, *Lib. Sent.* III, d. 25, c. 3.

os nascidos de mulheres,[133] como diz ali mesmo, parece que tampouco os maiores[134] estão obrigados a conhecer de modo explícito os artigos acerca do Redentor.

Ao contrário

1. Parece que é necessário para a salvação crer em todas as coisas de modo explícito, pois todas as coisas pertencem à fé do mesmo modo. Logo, pela mesma razão que é necessário crer de modo explícito em uma, é necessário também crer em todas as coisas.

2. Além do mais, cada um está obrigado a evitar todos os erros que são contra a fé. Ora, não pode fazer isso, a não ser que conheça de modo explícito todos os artigos, aos que se opõem os erros. Portanto, é necessário que creiam de modo explícito em todos os artigos.

3. Além do mais, assim como os mandamentos dirigem as coisas que se devem fazer, do mesmo modo os artigos com as coisas que se devam crer. Ora, qualquer um estaria obrigado a saber todos os mandamentos do Decálogo, pois não estaria escusado se por ignorância disso fosse cometido algum pecado. Portanto, também qualquer um está obrigado a crer em todos os artigos de modo explícito.

4. Além do mais, assim como Deus é objeto da fé, do mesmo modo se dá com a caridade. Ora, nada deve ser amado de modo implícito. Logo, tampouco se deve crer em alguma coisa de modo implícito sobre Ele.

---

133. Mt 11,11.

134. Cfr. PEDRO LOMBARDO, *Lib. Sent.* III, d. 25, c. 2.

5. Além do mais, o herege, por muito simples que seja, é examinado acerca de todos os artigos da fé, porque não seria a não ser que esteja obrigado a crer de modo explícito em todos. E, assim, o mesmo que antes.

6. Além do mais, o hábito da fé é o mesmo pela espécie em todos os fiéis. Portanto, se alguns fiéis estão obrigados a crer de modo explícito em todas as coisas que são próprias da fé, parece que também todos estão obrigados a isso.

7. Além do mais, crer de modo informe não é suficiente para a salvação. Ora, crer de modo implícito é crer de modo informe, porque com frequência os prelados, em cuja fé se apoia a fé dos simples que creem de modo implícito, têm uma fé informe. Logo, crer de modo implícito não é suficiente para a salvação.

Respondo

Respondo, dizendo que "implícito" se diz propriamente aquilo no qual muitas coisas estão contidas em um, porém "explícito"[135] no que cada coisa das mesmas é considerada em si. E esses significados foram transferidos desde as coisas corporais às espirituais. Por isso, quando muitas coisas estão contidas virtualmente em algo uno, diz-se que estão de modo implícito nele, assim como as conclusões nos princípios. Contudo, de modo explícito, está contido em alguma coisa o que existe em ato nela. Por isso, aquele que conhece alguns princípios universais tem conhecimento implícito de todas as conclusões particulares, porém, quem considera as conclusões em ato se diz que as conhece de modo explícito. Por isso, também se diz que cremos explicitamente em algumas coisas quando aderimos a essas com

135. Vocábulos da teologia escolástica usados desde GUILHERMO DE AUXERRE, *Summa aurea*, III, tr. 3, c. 1, q. 5 (f. 133va).

pensamentos em ato, mas de modo implícito quando aderimos a certas coisas nas quais estão contidas tais coisas como nos princípios universais, assim como quem crê que a fé da Igreja seja verdadeira, crê como de modo implícito em cada coisa que se contém sob a fé da Igreja.

Portanto, deve-se saber que na fé há coisas às quais todos e em todo tempo estão obrigados a crer de modo explícito, mas também há certas coisas que em todo tempo devem ser de modo explícito crer, mas não por todos, porém, algumas por todos, mas não em todo o tempo, e outras que nem por todos nem em todo o tempo. Com efeito, que seja necessário crer em alguma coisa de modo explícito em todo o tempo por qualquer fiel, é claro por isto, que a recepção da fé em nós se ordena com relação à última perfeição, assim como a recepção do discípulo das coisas que lhe são ensinadas primeiro pelo mestre, através das quais ele se dirige às anteriores. Contudo, não poderia ser dirigido a não ser em ato algo que considerava. Por isso, é necessário que qualquer discípulo creia de modo explícito em alguma coisa, e essas são aquelas duas coisas que o Apóstolo diz na carta Hb 11,6: *aquele que se aproxima de Deus deve crer que Ele existe e que recompensa os que O procuram*. Por isso, qualquer um está obrigado a crer de modo explícito, e em todo tempo, que Deus existe e que tem providência sobre as coisas humanas.

No entanto, não é possível que alguém no estado desta vida conheça de modo explícito toda aquela ciência que Deus tem, na qual consiste nossa beatitude, mas é possível que alguém no estado desta vida conheça de modo explícito todas aquelas coisas que são propostas ao gênero humano neste estado, como certos rudimentos pelos quais se dirige ao fim, e desse se diz que tem uma fé perfeita quanto à explicação. Ora, essa perfeição não é própria de todos, por isso, também na Igreja são constituídos graus, encarregando-se alguns de instruir outros na fé. Por causa disso, não estão todos obrigados a crer de modo explícito em todas as coisas que são próprias da fé, mas só aqueles que são instituídos como instrutores da fé, como são os prelados e os que têm o cuidado das almas.

Contudo, tampouco esses estão obrigados a crer de modo explícito em todas as coisas e em todos os tempos. Com efeito, assim como o progresso de um homem na fé é através da sucessão do tempo, assim também se dá o progresso de todo o gênero humano, por isso diz Gregório:[136] *o aumento do conhecimento divino cresceu através das sucessões dos tempos*. Ora, a plenitude do tempo, como a perfeição da idade do gênero humano, está no tempo da graça,[137] por isso, nesse tempo, os instrutores da fé estão obrigados a crer de modo explícito em todas as coisas que são próprias da fé, mas, nos tempos precedentes, inclusive os instrutores da fé não estavam obrigados a crer de modo explícito em todas as coisas e, depois do tempo da lei e dos profetas, são cridas de modo explícito mais coisas do que antes. Portanto, no estado desta vida, antes do pecado, não estavam obrigados a crer de modo explícito nas coisas que são sobre o Redentor, porque ainda não havia necessidade da redenção, porém, de modo implícito criam na providência divina, a saber, que Deus provê todas as coisas necessárias para a salvação aos que O amam. Mas, antes do pecado e depois, em todo tempo, foi necessário que uma fé explícita acerca da Trindade fosse mantida pelos instruídos na fé, não, porém, pelos ainda não instruídos na fé; depois do pecado até o tempo da graça, ainda que antes do pecado não houvesse tal distinção, que alguns fossem instruídos por outros acerca da fé. E, de modo semelhante, depois do pecado até o tempo da graça, os instrutores da fé estavam obrigados a possuir a fé de modo explícito acerca do Redentor, porém, os que recebiam essa instrução estavam obrigados a possuir a fé de modo implícito, ou na fé dos patriarcas e dos profetas, ou na divina providência.

De fato, no tempo da graça, todos, os instrutores e os instruídos na fé, estão obrigados a possuir uma fé acerca da Trindade

136. GREGÓRIO, *In Ez. II hom.* 4: PL 76, 980 B.

137. Cfr. Glosa de PEDRO LOMBARDO sobre Gl 4, 4: PL 192, 135 B.

e acerca do Redentor, porém, os instruídos não estão obrigados a crer de modo explícito em tudo o que se pode crer acerca da Trindade ou do Redentor, mas apenas os instrutores da fé. No entanto, os instruídos estão obrigados a crer de modo explícito nos artigos gerais, como Deus é trino e uno, que o Filho de Deus se encarnou, foi morto e ressuscitou, e outras coisas semelhantes, das quais a Igreja realiza festas.

Respostas aos argumentos

1. Respondo, portanto, dizendo que não se segue uma inconveniência quando se estabelece que qualquer um está obrigado a crer de modo explícito em uma coisa, inclusive se estiver alimentado nas selvas ou entre os animais irracionais, pois, o fato de prover alguém das coisas necessárias para a salvação, de modo tal que não seja impedido por parte desse, pertence à providência divina. Com efeito, se alguém de tal maneira alimentado seguisse a condução da razão natural no apetite do bem à fuga do mal, deve-se manter, de modo certíssimo, que Deus ou lhe revelaria por uma inspiração interna as coisas que são necessárias para crer, ou disporia para ele um pregador da fé, assim como enviou Pedro a Cornélio em At 10,20.

2. Respondo, dizendo que, ainda que não esteja em nosso poder conhecer as coisas que são próprias da fé por nós mesmos, porém, se nós fizéssemos o que está em nós, a saber, seguindo a condução da razão, Deus não nos apartará do que nos é necessário.

3. Respondo, dizendo que as coisas que são próprias da fé não são propostas aos simples como foram expostas, mas com certa generalidade, pois é assim que estão obrigados a crer, como foi dito.

4. Respondo, dizendo que os anjos, segundo Dionísio[138] e Agostinho,[139] supuseram primeiro o mistério da Encarnação de Cristo antes do que os homens, pois os profetas também foram instruídos sobre isso pelos anjos; mas desde Jerônimo se diz que aprenderam esse mistério pela Igreja, enquanto os apóstolos pregavam o mistério da salvação implementados aos gentios. E, assim, quanto a algumas circunstâncias, os anjos sabiam de modo mais pleno, vendo já presente o que haviam antes previsto para o futuro.

5. Respondo, dizendo que os gentis não estavam estabelecidos como instrutores da fé divina. Por isso, por muito sábios que fossem com uma sabedoria secular, devem ser contados entre os menores. E, por isso, bastava-lhes possuir de modo implícito a fé acerca do Redentor, ou na fé da lei e dos profetas, ou também na mesma providência. Contudo, é até provável que foi divinamente revelado o mistério de nossa redenção a muitos gentis antes da vinda de Cristo, assim como é manifesto a partir dos vaticínios sibilinos.[140]

6. Respondo, dizendo que João Batista, ainda que em seu tempo foi contado entre os maiores, porque foi instruído por Deus como arauto da verdade, porém, não era necessário que cresse de modo explícito em todas as coisas que depois da paixão e ressurreição de Cristo são cridas de modo explícito como reveladas no tempo da graça, pois, em seu tempo, o conhecimento da verdade, ainda assim, não havia chegado à sua completude, o que principalmente foi realizado com a vinda do Espírito Santo.

---

138. PSEUDO-DIONÍSIO, *De cael. hier.* IV, § 4: PG 3, 181 B.

139. AGOSTINHO, *De Gen. Ad. Litt.* V, c. 19: PL 34, 334.

140. AGOSTINHO, *De civ. Dei,* XVIII, c. 23: PL 41, 579.

Contudo, alguns[141] dizem que João perguntou isso não por sua pessoa, mas pela pessoa de seus discípulos, que duvidavam acerca de Cristo. Há, também, aqueles[142] que dizem que não foi uma pergunta do que duvida, mas do que piedosamente admira a humildade de Cristo, ao se dignar descer aos infernos.

Resposta ao contrário

1. Respondo, porém, dizendo, ao contrário, que não há uma mesma razão acerca de todas as coisas que pertencem à fé (pois algumas são mais obscuras do que outras e algumas são mais necessárias do que outras), para que o homem se dirija ao fim. E, por isso, é necessário crer de modo explícito em alguns artigos antes do que em outros.

2. Respondo, dizendo que aquele que não crê de modo explícito em todos os artigos pode evitar todos os erros, porque pelo hábito da fé se reprime para não assentir às coisas contrárias aos artigos, inclusive aos que apenas conhece de modo implícito. De tal modo que, quando se lhe propõem coisas insólitas, suspeita e difere o assentimento até ser instruído por aquele que deva solucionar as dúvidas na fé.

3. Respondo, dizendo que os mandamentos do Decálogo são sobre as coisas que a razão natural dita. E, por isso, qualquer um está obrigado a conhecê-los de modo explícito, nem há uma razão semelhante sobre os artigos da fé, que estão acima da razão.

4. Respondo, dizendo que amar não se distingue por modo implícito ou explícito, a não ser enquanto o amor segue a

141. JOÃO CRISÓSTIMO, *In Matth. Hom.* 36, n. 2: PG 57, 414.

142. AMBRÓSIO, *Super Luc.* c. V, n. 98: PL 15, 1748.

fé, porque o amor se determina à própria coisa, que está fora da alma, a qual subsiste no particular. Contudo, o conhecimento se determina ao que está na apreensão da alma, que pode apreender algo ou no universal, ou no particular. E, por isso, não há semelhança entre a fé e a caridade.

5. Respondo, dizendo que alguém simples, que é acusado de heresia, não é examinado sobre todos os artigos porque está obrigado a crer em todos explicitamente, mas porque está obrigado a não assentir obstinadamente ao contrário de algum dos artigos.

6. Respondo, dizendo que crer para alguns de modo explícito nas coisas que os outros bastam crer de modo implícito não é por diferença do hábito da fé, mas por causa do ofício diverso. De fato, aquele que se estabelece como doutor deve conhecer de modo explícito as coisas que deve ou está obrigado a ensinar e, na medida em que está mais elevado no cargo, deve ter a mais perfeita ciência das coisas que são próprias da fé.

7. Respondo, dizendo que os que são instruídos na fé não têm uma fé implícita em alguns homens particulares, mas na fé da Igreja,[143] a qual não pode ser informe. E, ademais, não se diz que alguém tenha fé implícita na fé de outro porque está de acordo com o modo de crer formado ou de modo informe, mas por causa da conveniência no crido.

143. Cfr. GUILHERMO DE AUXERRE, *Summa aurea*, III, tr. 3, c. 1, q. 5 (fol. 133va).

Artigo 12

Décimo segundo, pergunta-se se é a mesma fé a dos modernos e a dos antigos[144]

E parece que não.

144. Outros lugares: *In I Sent.* d. 41, exposição do texto; *ibid.* III, d. 24, a. 1, qc. 2 e d. 25, q. 2, a. 2, qc. 1; *STh.* II-II, q. 1, a. 2 et 7; ibid. q. 2, a. 7 e q. 174, a. 6.

Argumentos

1. Com efeito, a ciência universal difere da ciência particular. Ora, os antigos conheciam as coisas que são próprias da fé, como crendo de modo implícito no universal; porém os modernos creem de modo explícito em particular. Logo, não é a mesma fé a dos modernos e a dos antigos.

2. Além do mais, a fé é sobre o enunciável.[145] Ora, não são os mesmos os enunciáveis que nós cremos e os que eles creram, como: Cristo haverá de nascer e Cristo nasceu. Logo, não é a mesma fé a nossa e a dos antigos.

3. Além do mais, é necessário determinado tempo para crer nas coisas que são da fé, pois, alguém é reputado como infiel porque crê que Cristo ainda não tinha vindo, mas que virá.

---

145. Cf. GUILHERMO DE AUXERRE, *Summa aurea*, III, tr. 2, c. 2, q. 2 (f. 134vb), ALBERTO, *Super Sent.* III, d. 24, a. 5, BOAVENTURA, *Super Sent.* III, d. 24, a. 1, q. 3.

Ora, em nossa fé e na dos antigos há tempos variados, pois nós cremos acerca do passado o que eles mesmos criam acerca do futuro. Logo, não é a mesma a nossa fé e a dos antigos.

Ao contrário

1. O que se diz em Ef 4,5: *há um só Senhor, uma só fé.*

Respondo

Respondo, dizendo que isso deve ser mantido de modo firme, que uma só é a fé dos antigos e a dos modernos,[146] pois, de outra maneira, não haveria uma só Igreja.

Contudo, para sustentar isso, alguns disseram[147] que é o mesmo enunciável acerca do pretérito que nós cremos e acerca do futuro que os antigos creram. Mas variadas as partes essenciais da composição, não parece adequada que permaneça a mesma composição, pois antes vemos que as composições são variadas pelos distintos acidentes do verbo e do nome. Por isso, outros[148] disseram que os enunciáveis que nós cremos e que aqueles creram são diversos, porém, a fé não é sobre o enunciável, mas sobre a coisa. Contudo, a coisa é a mesma, ainda que os enunciáveis sejam diversos. Com efeito, dizem que crer na ressurreição de Cristo compete por si à fé, enquanto que crer que essa é ou foi, de certo modo, é acidental. Mas isso também parece falso, porque o crer, que se diz com assentimento, não pode ser, a não ser sobre a composição, na qual se encontram o verdadeiro e o falso.

146. *Glosa ordin. Sobre Matth.*, c. XII, 9 (mais diretamente, Mc, 11, 10), como refere TOMÁS DE AQUINO, *STh.*, II-II, q. 107 a. 1, arg. 1. Cfr. *Glosa* de PEDRO LOMBARDO sobre II Cor, 14, 13: PL 192, 33 D; GUILHERMO DE AUXERRE, *Summa aurea*, III, tr. 2, c. 2, q. 2 (fol. 134va).

147. Cfr. TOMÁS DE AQUINO, *STh.*, I, q. 14, a. 15, ad 3.

148. FELIPE, O CHANCELER, *Summa de bono* (ms. Vat. Lat. 7669, fol. 84vb).

Por isso, quando digo: "creio na ressurreição", é necessário que se entenda alguma composição, e isso segundo algum tempo que a alma sempre agrega no dividir e compor, como se diz no livro III do *Sobre a alma*,[149] de modo que, a saber, o significado "creio na ressurreição" seja: creio que a ressurreição é, ou foi, ou será.

Por isso, pode-se dizer que o objeto da fé é considerado de dois modos: um modo, em si mesmo, enquanto existe fora da alma, e esta é propriamente a noção de objeto, e a partir disso, o hábito pode ser múltiplo ou um; outro modo, em relação a quem participa do conhecimento deste objeto. Portanto, deve-se dizer que se for considerado o objeto da fé, a saber a coisa crida, enquanto está fora da alma, então um é o objeto da fé, tanto para nós quanto para os antigos. E por causa da unidade do objeto da fé, a fé recebe sua unidade. Mas se for considerado o objeto da fé, enquanto está em nosso conhecimento, então se multiplica em razão dos diversos enunciados, embora por essa diversidade a fé não perde sua unidade.

Respostas aos argumentos

1. Respondo, portanto, dizendo que saber no universal e no particular não diversifica a ciência quanto à coisa sabida, a partir da qual o hábito possui unidade.

2. É clara a resposta ao segundo pelo dito.

3. Respondo, dizendo que o tempo não é variado quanto ao que existe na realidade, mas quanto à diversa ordem relativa a nós ou àqueles, pois há um único tempo no qual Cristo padeceu, mas para alguns será passado e para outros futuro, com relação aos precedentes ou aos posteriores.

149. ARISTÓTELES, *De anima*, III, c. 11, 430a31.

GRÁFICA PAYM
Tel. [11] 4392-3344
paym@graficapaym.com.br